Impressum

Text: Ricarda Alder, Eva Caspers, Vivien Lamann, Nils Neumann, Elisabeth Raff
Satz & Lektorat: rap verlag
Grafik: www.gudrunbarthdesign.com
Druck und Weiterverarbeitung: oeding print GmbH, Braunschweig

ISBN: 978-3-942733-16-8

1. Auflage 2013

© rap verlag, Freiburg im Breisgau, in der R.A.P. Presse-Verlag-Werbung GmbH

Kontakt: kontakt@rap-verlag.de

Alle Angaben in diesem Stadtführer erfolgen ohne Gewähr und ohne Anspruch auf Vollständigkeit.

»ENDLICH KÖLN!«

Dein Stadtführer

Köln endlich endlich Köln

endlich

Köln ... endlich!

Geschichtsträchtige Dom-Metropole mit Mega-Partyszene, Sammelbecken für alle möglichen Freaks, Studenten, Nerds, Trendsetter, Fashion Victims, Startupper, Businessleute und, nicht zu vergessen, Ur-Kölner in ihren „Veedeln". Und Du bist ab sofort dabei. Deine neue Stadt heißt Köln!

... aber schon gehen die Probleme los: Du liest unzählige Wohnungsanzeigen, weißt aber nicht, in welchem Stadtteil Du schön, naturnah, günstig, studentisch oder besonders exklusiv wohnen kannst. Du möchtest am Wochenende mal so richtig im Nachtleben schwelgen, landest aber – Du wusstest es nicht besser – im langwei-

ligsten Club der Stadt. Du hast vergessen, für den Sonntag einzukaufen und keine Ahnung, wo Du jetzt noch was zu essen herbekommst. Das sind nur einige klassische Hürden, die eine neue Stadt so mit sich bringt.

Meist dauert es eine halbe Ewigkeit, bis man sich richtig gut auskennt und bis dahin muss man so einiges über sich ergehen lassen. Aber jetzt ist Schluss damit: Dieses Buch soll Dir eben diese Jahre voller Selbstversuche, Entgleisungen und Kompromisse ersparen und Dir helfen, Dich in Deiner Stadt von Anfang an zu Hause zu fühlen. Essen, Trinken, Feiern und Genießen, Freizeit, Kultur, Spaß und einfach Leben – genau darum geht es in

Damit Du das alles so richtig auskosten kannst, sind unsere Autorinnen und Autoren durch die ganze Stadt gestreift – immer auf der Suche nach den schönsten Ecken, den besten Leckerbissen, den ausgefallensten Kuriositäten und dem besonderen Etwas in Köln. Sie haben viele, viele Kilometer zu Fuß, mit dem Fahrrad, den

Öffentlichen oder dem Auto zurückgelegt, Klemmbrett und Kamera in der Hand, haben Notizen gemacht, Fotos geschossen und dabei Regen und Wind getrotzt. Das alles hat sich aber wirklich gelohnt, denn heute hältst Du tatsächlich dieses Buch in Deinen Händen.

Es ist vorläufig fertig, soll sich aber als Dein persönlicher Ratgeber und Begleiter immer wieder verändern und weiterentwickeln. Das Tolle ist also, Du darfst – ja sollst sogar – in diesem Buch herummalen, Kommentare an den Rand schreiben, Sachen durchstreichen, markieren und aktualisieren und ihm Deine persönliche Note verleihen (Natürlich nur, wenn es Dir auch gehört, nicht, wenn Du es gerade im Buchladen anschaust). Um Dir die Hemmungen zu nehmen, haben wir selbst schon einmal angefangen mit kritzeln, malen und markieren ...

Wir wünschen Dir viel Spaß mit

und Deiner neuen Stadt!
Dein

Jetzt auch online:
www.facebook.com/EndlichKöln

Köln   endlich   endlich

endlich

Häus

zu Hause

zu Hause

zu Hause

zu Hause

evoll

Wo

Wo wohnst Du?

Wo wohnst Du?

Wo

Gartenzaun
Heimat
wohnen
schön
zu Hause
gemütlich

endlich

Gartenzaun
schön
Gartenzaun
Häuschen
Nachbar
...hen
Nachbar
gemütlich
...hnung Wohnung
Wohnung
Park
zu Hause
Häuschen
schön
Heimat

endlich

zu Hause   Park

gemütlich   Heimat

wohnen

Innenstadt

1 Altstadt-Nord
Eigelstein

Oh, du altehrwürdiger Eigelstein! Wie vielen hast du in deinem bereits Jahrhunderte währenden Dasein schon das große Glück beschert? Wie viele hast du aber auch in die Knie gezwungen? Und das im wörtlichen Sinne. Schließlich warst du, geliebter Eigelstein, bis in die 70er Jahre das Rotlicht-Viertel Kölns! Ein Kiez, wie er im Buche steht. Ein Ort, wo das „Miljöh" ein Zuhause hatte.

Noch bis ins 17. Jahrhundert trugst du den stolzen Namen „platea aquilinia" (Adlergasse). Auf dir marschierten schon die römischen Legionen; dein Wahrzeichen, das Eigelsteintor als Ausgangspunkt ihrer großen Heerstraße. Und auch wenn der Adler sich nur noch versteckt in deinem Namen befindet, das Rotlicht weitestgehend erloschen und aus dem berüchtigten Kiez ein lebenswertes und grundsaniertes multikulti Veedel geworden ist, beflügelst du noch immer die Fantasien und Herzen deiner Bewohner.

Nur wenige Schritte von Dom und Hauptbahnhof entfernt liegt der Eigelstein, das kleinste Veedel Kölns. Nicht mehr als eine Straßenverbindung zwischen Hauptbahnhof und Ebertplatz – und doch sprüht dieser Teil der nördlichen Altstadt vor Geschichte, Charme und echter kölscher Lebensfreude. Rund um das imposante Eigelsteintor findest Du urige Kneipen, schicke Cafés und kleine Restaurants, die zum gemütlichen Verweilen auf dem Torplatz einladen. Und auch eines der ältesten Kölner Brauhäuser, das Em Kölsche Boor, ist hier zu finden und bietet Dir echte regionale, rheinische Küche sowie einen Hauch vom kölschen Kiez vergangener Tage.

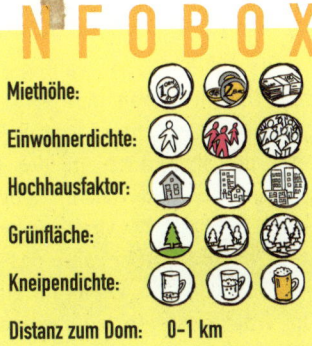

INFOBOX

Miethöhe:	
Einwohnerdichte:	
Hochhausfaktor:	
Grünfläche:	
Kneipendichte:	
Distanz zum Dom:	0–1 km

Altstadt-Nord

Jeder Stadtteil Kölns ist im Grunde immer ein Mix der Kulturen und Nationen. Aber hier am Eigelstein zeigt sich das türkische Leben von seiner schönsten Seite. In den Erdgeschossen der vielen gut erhaltenen Altbauhäuser reihen sich leckere Dönerläden, stylische Kebab-Restaurants und Gemüsehändler mit ihren prächtigen Auslagen aneinander.

Wenn Dich ein wenig verruchtes, aber mondänes Kiezfeeling reizt, dann wird Dir der Eigelstein zum Wohnen und Leben gefallen.

Der besondere Platz

Besonders ist definitiv das Areal rund um das **Eigelsteintor**. Im Sommer gemütlich draußen sitzen, mit Freunden quatschen und dem munteren Treiben bei einem feinen Getränk zuschauen – so macht das Kölner Leben Spaß!

zu Hause
gemütlich Park
Heimat
wohnen

Gereonsviertel, Heumarkt

Wie viele andere Kölner Veedel wurde auch das Gereonsviertel nach einer Kirche benannt. Namensgeber hierfür wiederum war Gereon, Patron der Soldaten und Patron gegen Kopfschmerzen. Genützt hat das wenig, denn letzteres hatten die Anwohner dieses Viertels in den vergangenen Jahren wohl zur Genüge.

Noch bis vor wenigen Jahren war das Gereonsviertel überwiegend ein Bürostandort. Nicht zuletzt deswegen, weil der Versicherungs-riese Gerling mit seinem in den 50er Jahren erbauten Hauptsitz maßgeblich das städtische Bild in diesem Veedel prägte. 2011 allerdings haben umfangreiche Umbauarbeiten begonnen, die bis Ende 2013 aus dem Gereonsviertel ein neues innerstädtisches Premium-Wohn- und Bürоviertel machen sollen. Pläne, die den Bewohnern des Veedels aus vielerlei Gründen ein Ärgernis waren und immer noch sind. Aber ganz egal, wie es wird: Bis es ein lebenswertes und schönes Fleckchen Stadt zum Wohnen wird, dürften noch weitere Jahre ins Land ziehen.

Wenn Du inmitten der Kölner Altstadt-Nord wohnen möchtest, empfiehlt sich das Gebiet um den Heumarkt schon eher. Hier bist Du mittendrin und umgeben von traditionellen Brauhäusern, Knei-

pen und unzähligen Restaurants. Rund um
den direkt am Rhein gelegenen Heumarkt
ist immer was los. Hier werden ganze Bus-
ladungen von Touristen aus aller Herren
Länder abgeliefert, um sich an dem Alt-
stadt-Kern Kölns zu ergötzen.

Abends wird auf dem Alten Markt und
dem angrenzenden Heumarkt gegessen,
getrunken und bis in die Morgenstunden
auf kölsche Art gefeiert. Gerade während
der Karnevalszeit ist hier das Zentrum
allen Geschehens. Ja, wenn Du hier
wohnst, bist Du wirklich mittendrin. Ob
Du nun willst oder nicht!

Der besondere Platz

Wenn Du Gefallen an Karneval findest, führt kein Weg am Heumarkt und dem Alten Markt vorbei. Am 11.11. und den anderen wilden Karnevals-Tagen ist hier das Auge des Hurrikans. Aber das ist in
diesem Fall alles andere als ruhig!

2 Altstadt-Süd
Neumarkt, Cäcilienviertel, Mauritiusviertel, Georgsviertel, Kapitolviertel, Pantaleonsviertel

Zentraler Knotenpunkt und größter Platz der Kölner Innenstadt ist
der Neumarkt. Hier, mitten im Herzen der Stadt läuft alles zusammen – zumindest rein verkehrstechnisch. Wenn Du zum Shoppen in
die Innenstadt willst, führt am Neumarkt kaum ein Weg vorbei.
Wenn Du allerdings auf der Suche nach einer Wohnung im Zentrum
bist, gibt es ... na ja, sagen wir mal andere Möglichkeiten. Denn

zu Hause   Park
gemütlich   Heimat
wohnen

genau wie in den angrenzenden Stadtteilen Cäcilienviertel, Mauritiusviertel, Georgsviertel, Kapitolviertel und Pantaleonsviertel – die übrigens allesamt ebenfalls nach den jeweiligen Kölner Kirchen benannt wurden – ist das Wohnen rund um den Neumarkt eher nicht so „Juhuu!". Es ist unge-

mütlich, relativ teuer, die Bausubstanz 50er/60er Jahre (also zumindest von außen quadratisch, praktisch, hässlich) und überhaupt: Auch wenn die Grenzen zu anderen, schöneren Stadtteilen fließend ineinander übergehen, hält Köln weitaus Besseres und dennoch Zentrumsnahes für Dich bereit.

INFOBOX

Miethöhe:			
Einwohnerdichte:			
Hochhausfaktor:			
Grünfläche:			
Kneipendichte:			
Distanz zum Dom:	0–3 km		

Altstadt-Süd

Severinsviertel

Von Eingeborenen selbst wird es liebevoll als „Vringsveedel" bezeichnet, im gängigen Sprachgebrauch ist es besser als das Severinsviertel bekannt. Benannt nach dem heiligen Severin, dem

dritten Bischof von Köln gilt das Severinsviertel als eines der urköl-
schesten überhaupt und ist extrem beliebt. Hier trifft Tradition auf
Moderne und kölsche Urgesteine auf hinzugezogene Lebemenschen
jeder Couleur.

Dieses wundervolle Südstadt-Viertel
besticht durch seinen ganz besonderen
Flair, zahllose Cafés, Kneipen, Restaurants
und stille, gemütliche Plätze, die mitten im
Trubel der hektischen Großstadt zum
Durchatmen einladen. Gerade die Severinstraße bietet auf rund 1 km Länge ein
wahres Schlaraffenland an Leckereien und
allem, was das Shoppingherz begehrt. Im
Schatten der gut erhaltenen Altbauhäuser
kannst Du flanieren, bummeln, genießen
und besonders in der Sommerzeit Köln
von seiner schönsten Südseite erleben.

Wenn in einem Stadtteil größere Umbauten anstehen, ist das
Ergebnis manchmal recht fragwürdig. Nicht so bei der Komplettsa-
nierung des Severinsviertels, die mit dem Ausbau der städtischen
U-Bahn-Linie einherging. Gut, das eine oder andere Haus hat zeit-

weilig Risse bekommen, das Kölner Stadt-Archiv ist komplett
eingestürzt und eine der ältesten
Kirchen der Stadt, die St. Johann
Baptis, drohte umzukippen. Aber
davon mal abgesehen hat sich
der Umbau vollauf gelohnt. Stil-
voll, irgendwie alt und dann
doch extrem modern präsentiert
sich dieser Teil Kölns seinen
Besuchern und Anwohnern.

zu Hause   Park
gemütlich   Heimat
wohnen

Das Severinsviertel ist megacharmant und mit seinen vielen kleinen, süßen Seitenstraßen ein echter Magnet, der Wohnungssu-
chende anzieht, wie der Honig die Bienen. Womit wir bei einem
kleinen Problem angekommen wären; solltest Du hier eine Wohnung suchen wollen: Es wird schwer, eine zu finden! Nicht, weil es
keine mehr gäbe oder zwischendurch nicht richtige Schätzchen frei
werden würden. Das ist durchaus möglich. Es sind die Mietpreise,
die steigen wie der nahe gelegene Rhein zur besten Hochwasserzeit
– einfach ins Uferlose.

Doch wenn Du Glück hast oder auch bereit bist, in so ein Wohn-
glück zu investieren: Mach es! Das Severinsviertel ist echt schick,
saugemütlich und Köln pur!

Der besondere Platz

Gespickt mit jeder Menge kleiner Konzert- und Eventlocations ist
das **Bürgerhaus Stollwerck** (Dreikönigenstr. 23) im Severinsviertel
einer der Anlaufpunkte für Indie-Konzerte und Kabarettveranstal-
tungen schlechthin. Und wenn Du magst, kannst Du in dieser alten
Schokoladenfabrik sogar Proberäume, Ateliers oder Partyräume für
Deine ganz persönliche Selbstverwirklichung mieten.
www.buergerhausstollwerck.de

Rheinauhafen

Wenn Dein Jahresbruttoeinkommen im
hohen fünfstelligen Bereich liegt,
kannst Du den exklusiven Rheinauhafen mit seinen berühmten drei Kran-
häusern ohne weiteres genießen – als
Spaziergänger. Denn um sich hier eine
Wohnung leisten zu können, müsste
man schon in einer Liga mit Verdie-

nern wie Lukas Podolski spielen. Auch wenn dieser selbst entgegen vielerlei Gerüchten in Wirklichkeit gar nicht dort wohnt. Egal. Zweifelsohne ist der Rheinauhafen ziemlich schick, aber wenn wir mal ehrlich sind, zum Wohnen auch nicht wirklich überragend. Höchstens überragend teuer.

Die Sicht über den Rhein mag reizvoll sein, allerdings geht dieser Ausblick Richtung Osten. Und wenn Du weißt, wo die Sonne untergeht, kannst Du dir schnell ausmalen, was Du für Dein Geld ab mittags bekommst, bzw. nicht bekommst. Und davon mal abgesehen gibt es keine nahen Einkaufsmöglichkeiten, wenig Parkplätze und viele, viele Spaziergänger, die je nach Wohn-Etage auf Deinen Balkon glotzen.

3 Neustadt–Nord
Belgisches Viertel

Wenn es so etwas wie „das Szeneviertel" in Köln gibt, ist es das Belgische Viertel. Im südlichen Teil der Innenstadt-Nord erstreckt sich hier ein wahres Mekka an coolen Läden kreativer Jungdesigner, urbanen Boutiquen, Künstlerateliers, Bars, Clubs und jeder Menge

zu Hause   Park
gemütlich   Heimat
wohnen

hipper Leute. Von der Nerdbrille bis hin zum iPad in der Vintage-Leder-Design-Tasche verkörpern die Einwohner des Belgischen Viertels jedes Klischee, das man mit modernen Hippstern in Verbindung bringt. Das Schöne dabei: Es ist alles aufrichtig gelebte Wirklichkeit. Hier sind die wenigsten Möchtegerns, die meisten sind wahrhaftige, liebenswerte und freundliche Neo-Freaks und Trendsetter.

Und so siedeln sich, als Kontrastprogramm zur hochpreisigen Ehrenstraße, die immer stärker von den großen Labels annektiert wird, im Belgischen Viertel laufend neue Independent-Shops mit Schmuck, Platten oder Klamotten Marke Eigendesign an.

NRW-Wort für Kiosk

Das Belgische Viertel sprudelt vor Energie und ist ein wahrer Jungbrunnen an Kreativität für das innerstädtische Leben Kölns. Der Großteil seiner Bewohner ist irgendwo zwischen 25 und 45 Jahren alt, macht tagsüber irgendwas mit Medien, Kunst oder Design und tummelt sich am Abend auf dem Brüsseler Platz. Umringt von Büdchen und mit dem immerwährenden Szene-Café Hallmackenreuther vor Ort, ist dieser Platz das Bulls-Eye eines der besten Veedel, die Köln zu bieten hat.

Rückt der kleine Zeiger auf der Uhr über die Mitternachtsmarke, verteilen sich die Grüppchen auf die umliegenden Clubs und Bars, wo dann nach Herzenslust zu Elektro, House oder Indie gezappelt werden kann.

Obwohl schon reichlich gelobhudelt, müssen wir Dir noch zwei Sachen über das Belgische Viertel verraten:

1. Das Belgische Viertel grenzt an das südlich gelegene Kwartier Latäng sowie das westlich benachbarte Ehrenfeld und wird hier lediglich durch den Grüngürtel und die Innere Kanalstraße abgetrennt. Das bedeutet, Du wohnst mit der Option „Grillen und Chillen im Park" und zwei weiteren Trend- und Szenevierteln Kölns praktisch direkt Tür an Tür.

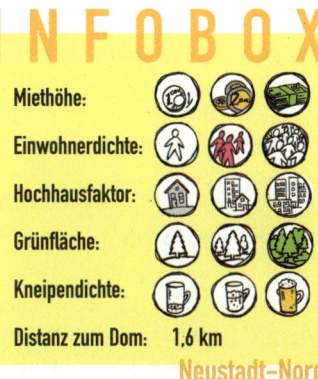

2. Der Stadtgarten – Café, Restaurant, Konzertlocation und Stadtgarten in einem – ist ebenfalls fast vor Deiner Haustür und perfekt für gemütliche Sommerabende im Freien. Wenn Du es also hinbekommen solltest, hier eine Wohnung zu finden – und bezahlen zu können, denn die Mieten haben es in sich – kannst Du Dich auf eine perfekte Mischung aus zentraler aber ruhiger Lage, perfekter Infrastruktur, vielen durchgestylten, aber coolen Cafés, Bars, Clubs, Restaurants, Theatern und vor allem „Mitbewohnern" freuen.

Aus gutem Grund hat das Szenemagazin PRINZ das Belgische Viertel bereits im Jahr 2010 zum „lebenswertesten Stadtteil Kölns" gekürt!

Köln   endlich   endlich   Köln
                                    endlich

zu Hause   Park
gemütlich   Heimat
wohnen

Agnesviertel, Mediapark

Das Agnesviertel gehört ebenfalls zu den sehr begehrten, zentrums-
nahen Wohngegenden Kölns. Mit seiner Mischung aus stilvollen
Stadtvillen der Gründerzeit, der relativ guten Lage zum Rhein, dem
Zoo sowie dem botanischen Garten „Flora" ist das Agnesviertel
besonders bei jungen Singles und Familien sehr beliebt.

In einem Wort ließe sich das Agnesviertel wohl am besten mit
„grundsolide" beschreiben. Die Neusser Straße bietet alles, was das
alltägliche Leben erfordert, die Verkehrsanbindung (auch zu den
verschiedenen Autobahnen) geht kaum besser und das Viertel bietet von allem etwas.

Der Mediapark mit dem Köln-Turm, der jeden Abend brav seine vor-
installierte Außenfassaden-Lichtshow abnudelt, vermittelt seinen
besser verdienenden Anwohnern irgendwie das Gefühl von architektonisch hipper Wohngegend. Der Wohnbereich rund um die
Agneskirche wirkt wie eine Mischung aus Ehrenfeld und Nippes und
weiter nördlich grenzt das Veedel an das sehr begrünte und ruhig-
idyllische Stadtviertel Riehl.

Und da Agnesviertel nicht immer gleich Agnesviertel ist, findest Du
hier nicht nur wunderschöne Straßenzüge mit erschwinglichen und

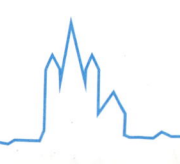

tollen Wohnungen sowie schicken Plätzen, wo einladende Cafés einen Hauch französischen Flairs versprühen. Als Kontrast dazu stößt Du beispielsweise auch auf Seitenstraßen mit fürchterlichen Nachkriegs-Quadratbauten, die zumindest rein äußerlich nicht wirklich zum Wohnen einladen.

Aber ebenso bunt wie das Viertel selbst, sind die hier anzutreffenden Bürger. Ein Querschnitt durch alle Altersstrukturen, Nationalitäten und sonstige Schubladen, die erdenklich wären. Wie der Kölner so schön sagt: Jeder Jeck is' anders! Hier im Agnesviertel auf jeden Fall!

Der besondere Platz

Unmittelbar hinter dem **Köln-Turm** (Im Mediapark 8) gibt es eine kleine Wiesenfläche, die die meiste Zeit des Jahres recht unspektakulär daherkommt, aber an ausgewählten Sommertagen schönstes Open Air Kino offeriert. Außerdem findest Du hier das **Kölner Filmhaus** (Maybachstr. 111), das nicht nur interessante Workshops sowie Fort- und Weiterbildungen für Medienschaffende aller Art anbietet, sondern darüber hinaus auch noch richtig cooles Programmkino. www.filmhauskoeln.de

4 Neustadt-Süd
Kwartier Latäng

Wenn Du das pulsierende Treiben der Großstadt magst, wirst Du Dich im Kwartier Latäng wie ein mopsfideler Herzmuskel nach einer frisch gesetzten Adrenalininjektion fühlen. Hier rauscht und pumpt

Köln endlich endlich Köln

endlich

zu Hause   Park
gemütlich   Heimat
wohnen

das Leben vor sich hin, dass es eine wahre Freude ist. Und zwar immer!

Zu keiner Zeit steht rund um den Zülpicher Platz auch nur irgendetwas still und seine Bewohner verstehen es bestens, damit umzugehen. Beim morgendlichen Brötchenholen grüßt der frühe Vogel den beschwipsten Wurm, wenn dieser nach einer wild durchfeierten Nacht gerade in sein muckeliges Loch kriecht. Abends feiern beide dann wieder gemeinsam. Es wird gelebt, was das Leben hergibt.

Düsseldorf mag die längste Theke der Welt haben, dafür hat das Kölner Kwartier Latäng mehr fantastische Kneipen, Bars und Imbissbuden, als manch andere Stadt Einwohner. Und da sowohl die Uni als auch die Innenstadt nur einen Steinwurf entfernt sind, finden sich im Kwartier Latäng jede Menge Gleichgesinnter. Eigentlich finden sich hier ausschließlich Gleichgesinnte!

Zugleich kann dieses wummernde und treibende Fleckchen Stadt mit äußerst chilligen Parks und Grünanlagen wie dem Rathenauplatz oder dem Aachener Weiher aufwarten. Alles innerhalb weniger Fußminuten erreichbar und ebenfalls perfekt zum Chillen, Grillen und gemeinsamen Abhängen.

INFOBOX

Miethöhe:			
Einwohnerdichte:			
Hochhausfaktor:			
Grünfläche:			
Kneipendichte:			
Distanz zum Dom:	2,5 km		

Neustadt-Süd

Das Schöne am Kwartier Latäng ist aber auch, dass die Mieten hier vergleichsweise akzeptabel sind, die Infrastruktur perfekt ist und coole Wohnungen immer wieder auf Neuankömmlinge warten. Und wenn Du jetzt das Gefühl hast, das könnte ein Viertel für Dich sein, schnapp Dir zwei, drei Freunde und eröffnet hier zusammen eine feine WG für die Party-Zeit Eures Lebens.

Chlodwigplatz

Alles, was Du über das Severinsviertel gelesen hast, gilt auch für das Gebiet westlich des Chlodwigplatzes, der sozusagen die Trennung zwischen der Altstadt-Süd und der Neustadt-Süd markiert. Auch hier findest Du alles, was für ein süßes und unbeschwertes Leben in Köln nötig ist.

Der Altersdurchschnitt liegt bei ca. 38 Jahren und von der Bella Familia aus Italien über den gut gelaunten türkischen Gemüsehändler bis hin zu Genuss- und Lebemenschen jeder Art triffst Du hier auf ein buntes Potpourri liebenswerter Alteingesessener und Hinzugezogener.

Und ebenso wie die Severinstraße wurde auch die Bonner Straße mit Nebenstraßen einer Komplettsanierung unterzogen. Ohne Risse

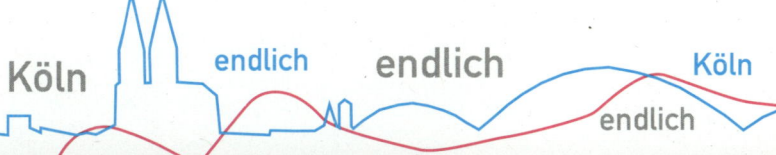

zu Hause   Park
gemütlich   Heimat
wohnen

in den Häusern oder schiefen Kirchtürmen. Auf jeden Fall erstrahlt seit der gelungenen Sanierung dieser Teil der Neustadt-Süd in neuem und wunderbarem Glanz. Außerordentlich facettenreich präsentieren sich die unterschiedlichen Bars, Restaurants und Kneipen, so dass stets für jeden Geschmack und Anlass das richtige Ambiente vorhanden ist.

Die richtig gute Infrastruktur mit all ihren Einkaufsmöglichkeiten, abgefahrenen und individuellen Geschäftchen, die unmittelbare Rheinnähe sowie eine für Köln ungewöhnlich hohe Dichte an gut erhaltenen Altbauten, machen diesen Teil der Kölner Südstadt zu Recht zu einem sehr, sehr, sehr begehrten Wohngebiet.

Besonders erwähnenswert sind auch die Parkangebote. Negativ wie positiv. Das Parkangebot für Autos: Vergiss es! Horror, Horror, Horror! Das Parkangebot zum Erholen und Chillen: Mega! Gerade der große Römerpark eignet sich fantastisch, um mal eben am Sonntag den Grill aufzustellen!

Da leider nicht nur wir wissen, wovon wir sprechen, sondern auch alle Hausbesitzer, klettern die Mieten fleißig nach oben. Lass Dich davon aber nicht abschrecken. Wenn Du nach Köln kommen willst, schau Dich hier gerne um und versuch, eine der tollen Wohnungen

zu ergattern. Denn wer einmal in der Südstadt wohnt, will hier nicht so schnell wieder weg.

5 Deutz

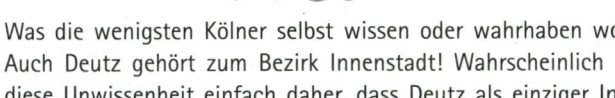

Was die wenigsten Kölner selbst wissen oder wahrhaben wollen: Auch Deutz gehört zum Bezirk Innenstadt! Wahrscheinlich rührt diese Unwissenheit einfach daher, dass Deutz als einziger Innenstadtteil auf der anderen Rheinseite und somit auf der „Schäl Sick" liegt.

Im Rheinland die Bezeichnung für „scheele/falsche Seite"

Ungeachtet der Tatsache, dass Deutz zur Kölner Innenstadt gehört, läuft hier doch einiges anders. So stellt Deutz mit einer Fläche von ca. 5,24 km² zwar die größte Fläche der Innenstadtteile, hat mit knapp 15.500 Deutzern allerdings die niedrigste Einwohnerzahl des gesamten Bezirks. Nicht falsch verstehen, wenn Du hierher ziehst, findest Du auf der Deutzer Freiheit alle Geschäfte für Deine alltäglichen Bedürfnisse. Ebenso hast Du in Deutz auch die Chance, eine gut bezahlbare Alt- oder Neubauwohnung zu bekommen. Mit der U-Bahn bist Du in Nullkommanix auf der anderen Rheinseite und somit in der „anderen" Innenstadt, und wenn Dir nach Erholung ist, gibt es mit dem Jugendpark eine der größten Kölner Parkanlagen überhaupt in direkter Nachbarschaft.

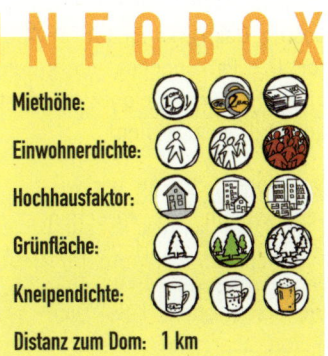

I N F O B O X

Miethöhe:			
Einwohnerdichte:			
Hochhausfaktor:			
Grünfläche:			
Kneipendichte:			
Distanz zum Dom:	1 km		

Deutz

Und auch, wenn das Wasser an beiden Uferseiten des Rheins gleich schnell fließt, ist das Leben in Deutz etwas ... hm ... sagen wir ruhi-

Köln   endlich   endlich   Köln

endlich

zu Hause   Park
gemütlich   Heimat
wohnen

ger. Wenn nicht gerade ein Konzert in der Lanxess-Arena oder dem Kölner Tanzbrunnen stattfindet, geht hier nicht viel.

Das betrifft insbesondere das Deutzer Nachtleben. Klar hat's auch einige Kneipen und nette Restaurants, aber diese musst Du gezielt aufsuchen. Von einer Kneipe zur anderen schlendern und sich im Abendgetümmel treiben lassen, geht hier wenig bis gar nicht.

Trotzdem wird Deutz bei vielen Neuankömmlingen immer beliebter. Gerade wegen seiner relativ ruhigen Ausstrahlung, dem akzeptablen Wohnungsmarkt, den vielen Grünflächen sowie der Nähe zur restlichen Innenstadt.

Wenn Du es auch etwas beschaulicher magst und komische Blicke ignorieren kannst, sobald Du erwähnst, auf der „Schäl Sick" zu wohnen, dann könnte Dir Deutz tatsächlich ein wohliges neues Zuhause bieten.

Der besondere Platz

Deutz bietet Dir zwar keinen wirklichen Rheinstrand, hat dafür aber die **Rheinterrassen** (Rheinparkweg 1). Eine wunderbare Mischung aus Restaurant, Eventlocation und angrenzendem Beachclub. Wenn die Sonne ihr Sommerantlitz vom Himmel scheinen lässt, kannst Du Dich hier im km689 Cologne Beach Club mit einer herrlichen Faulenzerbräune ausstatten und abends kulinarische Köstlichkeiten genießen. www.rhein-terrassen.de

Rodenkirchen

1 Zollstock, 2 Raderthal, 3 Raderberg

Wenn Du einen Film drehen möchtest, der in den 80er Jahren spielt, geht das vermutlich am besten im Kölner Stadtviertel Zollstock. Das Bild des Veedels zeichnet sich durch eine hohe Präsenz an Genossenschaftswohnungen aus den 20er und 50er Jahren aus und besitzt deswegen seinen ganz eigentümlichen Charme. Neben vielen urigen Kneipen findest Du Bäcker, Schneidereien und Cafés, deren Aussehen sich innerhalb der letzten 30 Jahre kaum verändert haben dürfte. Wenn Du die Häuser entlang der Bahnlinie 12 betrachtest, wirkt es wie eine kleine Zeitreise, auch ganz ohne Fluxkompensator.

Nichtsdestotrotz ist Zollstock ein modernes Viertel mit allem, was Du zum glücklich sein brauchst. Die Nähe zur Innenstadt, zur Uni sowie zum Grün-

zu Hause   Park
gemütlich   Heimat
wohnen

gürtel oder dem Stadtwald ist perfekt. Im Nu bist Du im schönsten Highlife der Innenstadt und genauso schnell in den herrlichen Grünanlagen der Randbezirke des Kölner Süd-Westens.

Ähnlich wie seine Nachbar-Veedel Raderberg und insbesondere Raderthal ist Zollstock eine überaus beliebte Wohngegend. Jedes Jahr kommen mehr und mehr junge Familien, lebenshungrige Studenten und Neukölner, um hier mit den Alteingesessenen das kölsche Leben, wie es im Buche steht (und nicht nur in diesem!) zu genießen. Der verhältnismäßig hohe Anteil an Italienern hat darüber hinaus ebenfalls seine Spuren in Zollstock hinterlassen: Kleine Espresso-Bars und leckere Pizzerien locken mit ihren lukullischen und mediterranen Leckereien.

INFOBOX

Miethöhe:
Einwohnerdichte:
Hochhausfaktor:
Grünfläche:
Kneipendichte:
Distanz zum Dom: 5 km

Bezirk Rodenkirchen

Zwar zählt Zollstock nicht unbedingt zu den absoluten Szene-Veedeln Kölns, ist aber ein echter Geheimtipp, der sich in den nächsten Jahren zu einem richtigen Trendviertel entwickeln könnte.

4 Bayenthal, 5 Marienburg, 6 Rodenkirchen

Ausgehend von der Neustadt-Süd sind, südwärts den Rhein entlang, die Stadtteile Bayenthal, Marienburg und Rodenkirchen aufgereiht. Und gerade das

macht diese drei Veedel zu sehr beliebten Wohngegenden bei Familien und der Zielgruppe Ü40.

Bayenthal als das zentrumsnächste dieser Viertel ist auf keinen Fall mehr mit den Veedeln der südlichen Innenstadt zu vergleichen, hat aber schöne und lebenswerte Ecken, Straßenzüge und alles, was Du brauchst, um hier für den Alltag gewappnet zu sein. Auch die Mieten sind durchaus bezahlbar.

Gediegener, weitaus begrünter und vor allem exklusiver ist Marienburg. In Bezug auf die Bezahlbarkeit der Mieten sieht es hier daher auch ganz anders aus. Zwar gibt es mit Hahnwald ein weiteres, noch exklusiveres Stadtviertel, das von Luxus-Häusern und dem Reichtum seiner Anwohner geprägt ist, aber eigentlich geht wirklich nichts über Marienburg: Prachtvolle Stadtvillen in absolut ruhig gelegenen Alleen prägen die Rhein-Idylle der hier ansässigen Kölner Finanz-Elite. Mitunter von hohen Mauern umgeben, zeugen lediglich die Dachgiebel, die Grundstücksgrößen sowie die an den Straßen parkenden Autos von dem hier vorhandenen Kapital der Anwohner. Und ganz ohne Neid: Marienburg ist richtig schick und ein wahrer Hingucker. Gegönnt sei es dem, der hier ein Häuschen sein eigen nennen kann.

An Marienburg angrenzend hat es sich der Stadtteil Rodenkirchen gemütlich gemacht. Ebenfalls direkt am Rhein gelegen ist er so etwas, wie das Marbella Kölns. Ein kleines und feines Sammelsurium von knapp 16.000 Einwohnern, die hier im – sagen wir mal – oberen Mittelklassesegment ihr behagliches Dasein fristen.

Im Ganzen sehr nett und adrett, triffst Du in Rodenkirchen allerdings eher auf ältere Jahrgänge. Wilde Studentenpartys? Fehlanzeige! Die Bahnanbindung zur Innenstadt ist gut, der Weg mit dem Fahrrad aber, trotz Uferführung am Rhein entlang, ein ordentliches Stück Arbeit. Das Wohnen hier hat eher etwas Dörfliches und unterscheidet sich so vom pulsierenden Szenetreiben anderer Bezirke und Stadtteile Kölns.

Der besondere Platz

Die kleinen **Rodenkirchener Rheinbuchten** sind zu einem Sandstrand aufgeschüttet und ideal, um hier heiße Sommertage zu verbringen oder am Abend eine herrliche Grillparty mit Freunden zu feiern.

7 Hahnwald, 8 Weiß, 9 Sürth, 10 Godorf, 11 Immendorf, 12 Meschenich, 13 Rondorf

Willkommen in Köln-Hahnwald! Ja, hier ist es mal wirklich teuer und exklusiv! Köln-Hahnwald ist ein in sich geschlossenes Nobel-Reich reicher Kölner. Menschen wie Stefan Raab, Christoph Daum,

Oliver Pocher oder Katja Burkard haben hier ihr Zuhause. Geschäfte oder Kneipen gibt es dafür keine! Alles, was Du hier finden würdest, sind extrem große und mitunter architektonisch sehr skurrile Villen. Ja, es ist ruhig. Ja, es ist grün. Ja, man ist unter seinesgleichen und ja, es gibt einen 24 Std. patrouillierenden Sicherheitsdienst. Aber möchtest Du da wirklich wohnen?

Die weiteren Stadtteile des Bezirks Rodenkirchen (Weiß, Sürth, Godorf, Immendorf, Meschenich und Rondorf) liegen bereits weit außerhalb der Innenstadt. Und je nach Stadtteil bist Du von hier aus mindestens 15 Minuten mit dem Auto ins Zentrum unterwegs. Wenn Du Dich nach dörflicher Ruhe in relativer Großstadtnähe sehnst, gibt es zwar mit Weiß und Sürth zwei weitere Stadtteile, die direkt am Rhein liegen und auch die eine oder andere nette Wohnstraße zu bieten haben, aber so richtig toll ist es hier einfach nicht. Und auch das flache, karge und großindustrielle Umland des Kölner Südens ist nicht gerade ein Anziehungspunkt.

Lindenthal

1 Lindenthal, 2 Sülz, 3 Klettenberg

Hier im Kölner Südwesten offenbart sich Dir mit den Veedeln Lindenthal, Sülz und Klettenberg ein wahres Wohnparadies. Nicht nur der Erholungsflächenanteil ist aufgrund des riesigen Stadtwalds in diesem Bezirk auf einem Maximum, auch der finanzielle Status seiner Anwohner ist hier überdurchschnittlich hoch.

zu Hause   Park
gemütlich   Heimat
wohnen

Erkennen kannst Du das schon an kleinen Signalen wie den vielen Delikatess-Geschäften. Vom kleinen Weinhändler bis hin zum wohl sortierten Käsefachhandel reihen sich die Feinkostläden aneinander und offerieren ihre luxuriösen Leckereien. Ganz egal, welche der Haupteinkaufsstraßen – Dürener Straße (Lindenthal), Berenrather Straße (Sülz) oder Luxemburger Straße (Klettenberg) – Du entlang scharwenzelst, überall locken erlesene Köstlichkeiten.

Doch entsprechend zeichnen sich auch die Bewohner dieser Stadtteile durch ein gewisses Maß an Besseresser- und Besserverdiener-Attitüde aus. Je nach persönlichen Vorstellungen muss das aber kein Nachteil sein, da der Rheinländer an sich stets eine natürliche Offenheit und Freundlichkeit an den Tag legt.

Letztendlich ist das Publikum in diesen Veedeln aber, genau wie seine Bausubstanz, ein Kessel Buntes. Von ganz alt und urig und irgendwie alternativ über akkurat gepflegt bis hin zu top-modern und stylish findest Du hier im Grunde alles. Schnuckelige Einfamilien-Reihenhäuschen stehen neben alten Stadtvillen, die wiederum ihre Dachspitzen würdevoll zwischen Arbeiterwohnblöcken aus den 50ern und 60ern gen Himmel strecken.

Die Seitenstraßen und kleinen Nebengassen dieser drei Vee-

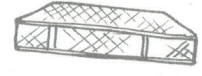

INFOBOX

Miethöhe:	
Einwohnerdichte:	
Hochhausfaktor:	
Grünfläche:	
Kneipendichte:	
Distanz zum Dom:	6,1 km

Bezirk Lindenthal

del sind gesäumt von kleinen Plätzen, schier unzählbaren Cafés und gemütlichen Restaurants, die zum Verweilen einladen. So sind z.B. das Balthasar in Sülz oder das Kölsch Kultur in Klettenberg herrliche Lokalitäten, um mitten im Veedel das eine oder andere Getränk zu sich zu nehmen.

Hier zu Wohnen macht richtig Spaß. Die Bahnanbindungen in die relativ nah gelegene Innenstadt sind perfekt, schnell bist Du im Grünen, die Straßen überraschen immer wieder mit wunderschönen Ecken und Du hast ein vielfältiges und stilvolles Veedelsleben. In kaum einem anderen Bezirk findest Du auf einer so großen Fläche ein so durchgängig schickes, dabei aber relativ unspießiges Ambiente wie hier.

4 Braunsfeld, 5 Junkersdorf, 6 Müngersdorf, 7 Weiden, 8 Lövenich, 9 Widdersdorf

Entlang der stadtauswärts führenden Aachener Straße haben sich die Stadtteile Braunsfeld, Junkersdorf, Müngersdorf, Weiden, Lövenich und Widdersdorf angesiedelt. Gerade Braunsfeld, Junkersdorf und Müngersdorf gehören aufgrund der Nähe zum Stadtwald ebenfalls zu den bei mittelständischen Familien und Gutverdienern beliebten Kölner Wohngegenden.

Köln   endlich   endlich   Köln
endlich

zu Hause   Park
gemütlich   Heimat
wohnen

Müngersdorf zeichnet sich darüber hinaus durch das RheinEnergie-Stadion und die Deutsche Sporthochschule aus, die hier ihre Heimat haben.

Der Stadtteil Weiden wiederum liegt so weit außerhalb, dass er wie ein kleiner, eigenständiger Ort wirkt. Einzig das Rheincenter – eine der drei großen Kölner Einkaufsmalls – vermittelt so etwas wie Großstadtflair.

Die Stadtteile Lövenich und Widdersdorf sind eigentlich kaum eine Erwähnung wert, abgesehen von dem riesigen Neubaugebiet Widdersdorf Süd, wo in den vergangenen Jahren ein außergewöhnlich skurriles Wohn-Ghetto mit knapp 1200 Ein- und Zweifamilienhäusern entstanden ist. Skurril aus dem Grund, da sich hier so viele unterschiedliche architektonische Stile versammelt haben, als wenn Dalí, Gaudi und Guggenheim während einer gemeinsam durchzechten Nacht die Pläne dafür ausgetüftelt hätten.

Ehrenfeld

1 Ehrenfeld

Multi-Kulti, Medien und eine Portion Kölsche-Vita. Das ist Ehrenfeld. 3,72 km² Fläche auf denen sich ca. 36.000 ehrenvolle Individuen tummeln, für die Multi-Kulti weitaus mehr als ein Hashtag ist. Ehrenfeld ist harmonisch gelebter, interkultureller Alltag.

Denn genauso bunt wie die Bausubstanz mit ihrem Mix aus stilvollen Altbauhäusern der

Gründerzeit, Industriedenkmälern und den schnöden Kriegslücken-
füllerbauten der 50er und 60er Jahre präsentieren sich seine Einwohner. Moderne Ökos oder bunt tätowierte Mitt-Dreißi-
ger-Medienschaffende triffst Du hier ebenso häufig wie
aufstrebende Business-Mana-ger oder kleine süße Familien.
Aber auch ganze südosteuro-päische Familiendynastien, die
bei schönem Wetter die Ehrenfelder Parks zum gemüt-lichen
Grillen okkupieren, gehören zum Stadtbild.

INFOBOX

Miethöhe:			
Einwohnerdichte:			
Hochhausfaktor:			
Grünfläche:			
Kneipendichte:			
Distanz zum Dom:	3,3 km		

Bezirk Ehrenfeld

„I'm Muslim – but don't Panik" – ein oft anzutreffender T-Shirt-
Aufdruck, der von den arabischen Jugendlichen in diesem West-
Viertel Kölns mit Süffisanz und Augenzwinkern getragen wird. Und
ja, es war in Ehrenfeld! Direkt am Veedels-Eingang steht sie: die
größte Moschee außerhalb der arabischen Welt! Und sie ist tatsächlich ein imposantes und schönes Stück Architektur.

Wenn Du Dich nach Ehren-
feld begibst, wirst Du von
seiner Vielfalt begeistert
sein: Tolle Clubs und Bars
neben urigen Kölschkneipen,
stylische Manufaktu-ren
und Künstler-Ateliers
neben trashigen Ramsch-
Läden und coole Szene-
kneipen, Cafés und Imbissbuden neben gehobenen
Restaurants.

Köln   endlich   endlich   Köln

endlich

Spaß haben, Feiern, Chillen oder sich lukullischen Genüssen hingeben, das geht in Ehrenfeld immer! Libanesischer Supermarkt, persisches Restaurant oder äthiopischer Lieferservice: Wer hier nichts findet, der ... äh ... na gut, für den bleibt immer noch McDonalds, Burger King oder eine der hundertfach vorhandenen Döner-Buden. Ehrenfeld ist einfach toll! Ehrenwort!

Der besondere Platz

Das Kölner **Underground** (Vogelsanger Str. 200): Kneipe, Biergarten und Konzert-Location in einem. Hier spielen fast täglich internationale und nationale Alternative- und Punkbands. Und wenn mal keine Menschen mit Instrumenten die Bühne unsicher machen, wird hier trotzdem zu Pop- und Punkmusik gefeiert. Das Ganze bei freiem Eintritt und mit viel Underground-Flair.

www.underground-cologne.de

2 Neuehrenfeld

Laut offizieller Stadt-Statistik beträgt der Anteil an weiblichen Singles hier in Neuehrenfeld nur etwas mehr als die Hälfte des benachbarten Ehrenfelds – kein Witz! Ok, dafür wohnen in Neuehrenfeld auch nur ca. 23.000 Seelen – also knapp 2/3 von der Gesamtmasse, die sich in Ehrenfeld tummelt, aber trotzdem!

Wenn Du also ein alleinstehendes Bübchen bist und nach Köln ziehen möchtest, sag nicht, Du hättest es nicht gewusst.

Wie dem auch sei, Neuehrenfeld hat andere Qualitäten, die sich
ebenfalls sehen lassen können. So besticht es durch viele gut erhaltene Straßenzüge mit beneidenswerten Altbauhäusern, supertollen
Eckkneipen und einer insgesamt sehr guten Lage. Sowohl in die
Innenstadt als auch zur nahe gelegenen Autobahn ist es nur ein
Katzensprung. Der großartige Blücherpark, der auch als die „grüne
Lunge des Kölner Nordens" bezeichnet wird, ist ebenfalls direkt um
die Ecke und bietet im Sommer coole Partys, Konzerte und mitunter ganze Festivals.

Dennoch läuft das Leben in Neuehrenfeld etwas gediegener ab. Das
macht es je nach eigener Vorstellung nicht zwangsläufig langwei-
liger oder gar schlechter, aber der Fairness halber sei darauf hinge-
wiesen. Wenn Du gerne gemütlich beim Wein zusammensitzt und
über Nietzsche philosophierst, bist Du hier besser aufgehoben, als
wenn es Dich in den House-Club zieht, um die Nacht durchzutan-
zen – den gibt es hier nämlich nicht.

Der Großteil der Neuehrenfelder Bewohner ist zwischen 35-59 Jahren alt, zu ca. 45% verheiratet und hat auch gerne mal ein bis meh-

Köln   endlich   endlich   Köln
                                   endlich

rere Nachkommen. Wie gesagt, das macht den Stadtteil auf gar keinen Fall unattraktiv, ist aber vielleicht nichts für die wilden Jahre, in denen die Musik auch unter der Woche mal bis halb vier nachts aufgedreht wird.

Wenn Du allerdings auf der Suche nach einem kleinen und feinen Viertel mit schicker Altbauwohnung bist, Dich die erwähnten Vorzüge Neuehrenfelds eher begeistern, als abschrecken, dann wirst Du Dich hier sauwohl fühlen!

3 Bickendorf, 4 Ossendorf, 5 Vogelsang, 6 Bocklemünd/Mengenich

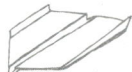

Es gibt noch Straßenzüge in Bickendorf, die süße kleine Arbeiterhäuschen aus dem beginnenden 20. Jahrhundert zieren und wo Du Dich ganz wohl fühlen könntest. Allerdings nur dort. Insgesamt ist Bickendorf eher ein Problemviertel, das immer wieder in die Schlagzeilen der Lokalpresse gerät. Nicht zuletzt deswegen, weil das Bickendorfer Hochhaus nicht nur optisch ein Ort zum Wegsehen ist.

Auch der Stadtteil Ossendorf ist kein Ort zum Wohnen. Der Grund hier ist allerdings hauptsächlich, dass es sich im Wesentlichen um ein Gewerbegebiet handelt. Hier steht beispielsweise die JVA Köln, aber auch das Coloneum, wo Fernsehshows wie DSDS oder Das Supertalent produziert werden.

In den Stadtteilen Vogelsang und Bocklemünd/Mengenich wird es dann schon wieder etwas wohnlicher. Gerade Bocklemünd/Menge-

nich zeigt sich sehr facettenreich. Hier hast Du die Möglichkeit, sehr schöne und noch bezahlbare Wohnungen, Häuser oder gar ein neues Zuhause innerhalb antiker Hofanlagen zu finden. Leider kann es durchaus sein, dass Du hier immer mehr auf

unbezahlbaren Wohnraum stößt, da auch in diesem Quartier Kölns viele Sanierungsprojekte die Mieten in die Höhe schnellen lassen.

Nippes

1 Nippes

Nippes ist wahrscheinlich das zentrumsnahste Dorf, das Köln zu bieten hat. Wobei Du „Dorf" hier nicht im wörtlichen Sinne verstehen darfst. Es ist die Bezeichnung derer, die in diesem überaus beliebten Stadtteil im Kölner Norden wohnen und ihr Veedel über alles lieben.

In Nippes kannst Du aufgrund des hohen Park- und Grünflächenanteils, seiner entspannten Bewohner und dem phänomenalen Angebot an Einkaufsmöglichkeiten jeglicher Art absolut entspannt wohnen. Die Neusser Straße bietet Dir vom klassischen Supermarkt über ausgefallene

zu Hause Park
gemütlich Heimat
wohnen

Kinder-Second-Hand-Läden bis hin zum täglichen Obst- und Gemüsemarkt auf dem Wilhelmplatz alles, was Du für Dein Dasein brauchst. Auch der monatlich auf dem gleichen Platz stattfindende Flohmarkt, bei dem sich coole Schnäppchen machen lassen, ist ein über die Veedelsgrenzen hinaus beliebtes Ausflugsziel fürs Wochenende.

INFOBOX

Miethöhe:			
Einwohnerdichte:			
Hochhausfaktor:			
Grünfläche:			
Kneipendichte:			
Distanz zum Dom:	3 km		

Bezirk Nippes

In den vielen kleinen Seitenstraßen, die von der Neusser Straße abgehen, offenbart sich ein herrliches Angebot toller Altbauten mit (für Köln) akzeptablen Mietpreisen. Noch. Denn auch der Stadtteil Nippes wird aufgrund seiner extrem guten Lage zum Zentrum – in 5-10 Minuten bist Du mit dem Fahrrad in der Innenstadt – sowie allen anderen Vorzügen immer beliebter.

Wenn Du hier wohnst, triffst Du auf eine bunte Mischung aus Studenten, jungen Ökos und Migranten sowie schier unendlich viele junge Eltern zwischen 30 und 40 Jahren. Und da Nippes neben dem

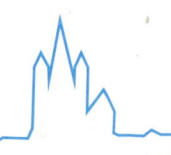

Stadtteil Klettenberg zu den geburtenstärksten Quartieren Kölns gehört, ist es auch kein Wunder, dass der Nippeser Schillplatz mittlerweile schon den Spitznamen „Stillplatz" bekommen hat.

Das einzige wirkliche Manko an Nippes ist, dass es mehr Cafés und Kneipen geben könnte. Natürlich sind einige vorhanden, wie z.B. das im 70er Jahre-Retro-Stil eingerichtete Kuen in der Kuenstraße, aber wenn Du richtig feiern und durch Bars ziehen willst, musst Du Dich weiter in Richtung Innenstadt bewegen.

Wie gesagt, Nippes ist ein Dorf. Aber ein echt tolles und liebenswertes – mitten in Köln!

2 Rhiel, 3 Niehl, 4 Bilderstöckchen, 5 Mauenheim, 6 Weidenpesch, 7 Longerich

Der erwähnenswerteste der restlichen Nippesser Stadtteile ist Riehl. Bekannt ist er vor allem, da hier der Kölner Zoo sowie der botanische Garten Flora beheimatet sind. Unmittelbar nördlich von Zoo und Flora entstand in den Jahren ab 1914 ein prachtvolles Villenviertel, deren Häuser und Straßen die Bombardements des Zweiten Weltkriegs einigermaßen überstanden hatten und heute gerade bei Ruhe suchenden Kölnern und Neukölnern besonders hoch im Kurs stehen.

Die direkte Nähe zum Rhein sowie das große Angebot an Parks komplettieren den Wohlfühlfaktor, wenn Du auf der Suche nach einem etwas beschaulicheren Fleckchen bist. Der große Nachteil versteht sich praktisch von selbst: Feiern geht nur in Deiner Wohnung, denn außer einigen kleinen Eck-Kneipen gibt es hier nix!

Köln   endlich   endlich   Köln   endlich

zu Hause   Park
gemütlich   Heimat
wohnen

Was Bilderstöckchen betrifft, kannst Du Glück oder Pech haben. Mit seiner Sandwichlage zwischen den Veedeln Neuehrenfeld und Nippes gibt es durchaus ganz passable Wohnecken, je weiter Du Dich aber von der Innenstadt nach Außen bewegst, desto weniger empfehlenswert ist dieses Veedel.

Falls Du zu den Menschen gehörst, die es gar nicht ohne die Nähe von Pferden aushalten – soll es ja geben – könnte Dir Weidenpesch mit seiner Kölner Pferderennbahn gefallen. Wenn dem nicht so ist, wird Dich hier wahrscheinlich auch nichts anderes begeistern können. Denn viel mehr gibt es hier nicht.

Und genauso verhält es sich mit Longerich. Hier gibt es nicht mal eine Pferderennbahn. Longerich ist so weit ab vom Schuss, dass Du praktisch vom wirklichen Kölner Leben ausgeschlossen bist.

Chorweiler

Offiziell sind es 12 Stadtteile, die zum Bezirk Chorweiler gehören und keine Frage: Unter diesen Stadtteilen befinden sich richtig schöne und ländlich gelegene Veedel wie Esch/Auweiler, Pesch oder Fühlingen mit seinem großen See, der jedes Jahr im Sommer Tausende Reggae-Fans aus aller Welt zum Summer Jam einlädt. Doch bei der Erwähnung des namensgebenden Stadtteils Chorweiler huscht jedem Kölner ein nicht zu verbergener Schatten übers Gesicht.

Chorweiler ist die Trabantenstadt Kölns. Ein Komplex, der in den 70er Jahren entstand, mit dem Ziel, möglichst viel Wohnraum auf möglichst enger Fläche zu schaffen. Dieses Ziel ist zweifelsohne erreicht worden und die größte Plattenbausiedlung in Nordrhein-Westfalen ragt seitdem mit seinen bis zu 30-stöckigen Hochhäusern gut sichtbar in den Himmel.

Aber wohnen möchtest Du hier mit Sicherheit nicht. Allein die Entfernung zur Innenstadt ist einfach nicht mehr lustig. Und reden wir nicht drum herum: Chorweiler ist der soziale Brennpunkt Kölns! Die Arbeitslosenquote ist hoch und alles andere, was einen Stadtteil meidenswert macht, ebenfalls.

Köln   endlich   endlich   Köln
endlich

zu Hause   Park
gemütlich   Heimat
wohnen

Der einzige Vorteil im Stadtteil Chorweiler sind die Mieten, die entsprechend niedrig sind. Aber keine noch so günstige Wohnung mit „schönem Blick über Köln" sollte Dich jemals in Versuchung bringen, hierher zu ziehen. Selbst, wenn Du auf der Suche nach Abenteuern bist, gibt es genügend andere Veedel in Köln wie beispielsweise „Kalk" oder „Mülheim", die aufregend genug sind.

INFOBOX

Miethöhe:	
Einwohnerdichte:	
Hochhausfaktor:	
Grünfläche:	
Kneipendichte:	
Distanz zum Dom:	13 km

Bezirk Chorweiler

Porz

Mit 78,92 km² hat der Bezirk Porz zwar anteilsmäßig die größte Stadtfläche der insgesamt neun Kölner Bezirke, allerdings die zweitniedrigste Gesamteinwohnerzahl. Nur im Bezirk Chorweiler wohnen noch weniger Menschen auf einer ähnlich großen Stadtfläche.

Dies liegt vor allem daran, dass Porz im Süd-Osten Kölns dann doch ziemlich weit ab vom Schuss liegt. Die Bahnanbindung ist zum Teil noch ganz okay, aber ohne Auto oder motorisiertes Zweirad kommt man hier nicht ohne weiteres weg.

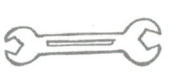

Schön an einzelnen Stadtteilen wie beispielsweise Poll, Westhoven oder Zündorf ist, dass sie direkt am Rhein liegen und aufgrund ihrer baulichen Beschaffenheit und ihrem dörflichen Charakter wie kleine Urlaubsoasen wirken. Hierhin kannst Du Dich wunderbar an Sommerwochenenden verirren, wenn Du z.B. eine längere Fahrradtour machen willst und Dir gechillt am Rhein ein feines, kühles Bier als Durstlöscher zwischendurch gönnst. Das geht extrem prima und hat tatsächlich ein wenig was von Urlaub.

Klar, wenn Du es besonders ruhig magst, findest Du in diesen Stadtteilen auf jeden Fall nette und günstige Wohngegenden. Aber Du bist hier wirklich alles andere als zentral! Mal eben in der Innenstadt shoppen, zum Umziehen kurz nach Hause und dann zurück zum abendlichen Partymachen is' nicht. Möglich ja, aber kurz? Nee.

Summa sumarum: Im Bezirk Porz wohnst Du beschaulich, ruhig und dörflich. Kann man machen, muss man aber nicht!

zu Hause   Park
gemütlich **Heimat**
wohnen

Kalk

1 Kalk

Ach, was hast du in deiner über tausendjährigen Geschichte nicht schon alles erdulden müssen. Von den Römern über die Franzosen bis hin zu den vielen Bomben, die während des Zweiten Weltkriegs deine Häuser und Industrieanlagen geplättet haben, hast du schon so manches mehr oder weniger würdevoll erdulden müssen. Armes, kleines schmuddeliges Köln-Kalk!

In Kalk zu wohnen ist tatsächlich auch heute noch ein Abenteuer, das man mögen muss. Aber auch mögen kann! Denn trotz der hohen Arbeitslosenquote, der betreuten Drogencafés und all den vielen anderen rauen Seiten, ist Kalk irgendwie magisch und besonders.

Kalk ist extrem alternativ und multikulti und bietet somit einen außergewöhnlichen Mix aus verschiedensten Kulturen und Charakteren. Hier triffst Du ebenso auf urkölsche Alteingesessene wie auf junge wilde Mitt-Zwanziger, die es aufgrund der relativ günstigen Mieten – gegenüber den Szenevierteln der Innenstadt – hierher verschlagen hat.

Ein weiterer Pluspunkt sind die vielen Veedelskneipen, die zum Teil durch die Vergangenheit als Industrie- und Arbeiterviertel stark geprägt sind. Coole Studentenkneipen wie das **Trash Chic** in der Wiersbergstraße, die **Vorstadtprinzessin** in der Trimbornstraße oder auch das **Sünner Bier- und Kornhaus** auf der Kalker Hauptstraße runden das abendliche Ausgeh-Angebot ab.

Die Kalker Hauptstraße ist die für dieses Veedel zentrale Einkaufsmeile. Ihren Anfang markiert der Veedelsplatz Kalk Post mit den gegenüberliegenden Köln Arcaden (Kalker Hauptstr. 55) – einer der drei großen Kölner Einkaufsmalls. Im Grunde bietet Dir Köln Kalk also praktisch keinen Grund, dieses Veedel zu verlassen. Außer, Dir steht dann doch einmal der Sinn nach etwas weniger Abenteuer!

Der besondere Platz

In Köln-Kalk sind die **Köln Arcaden** (Kalker Hauptstr. 55) definitiv immer einen Besuch wert. Hier erwarten Dich über 100 Geschäfte auf drei Etagen und Du kannst entspannt auch die verregnetsten Tage gemütlich mit Shopping herumbringen. Große Modelabels und jede Menge Futterkrippen laden Dich zum Geldausgeben

INFOBOX

Miethöhe:
Einwohnerdichte:
Hochhausfaktor:
Grünfläche:
Kneipendichte:
Distanz zum Dom: 3,7 km

Bezirk Kalk

Köln   endlich   endlich   Köln

endlich

zu Hause   Park
gemütlich   Heimat
wohnen

ein. Und selbst, wenn Du mal kein Geld ausgeben willst, kannst Du die Zeit mit dem Beobachten der Kalker Einwohner verbringen – durchaus eine amüsante Milieu-Studie! www.koeln-arcaden.de

2 Humboldt/Gremberg, 3 Vingst, 4 Höhenberg, 5 Ostheim, 6 Merheim, 7 Brück, 8 Rath/Heumar, 9 Neubrück

Weiter östlich liegen acht weitere Stadtteile, die zum Bezirk Kalk gehören. Doch bis auf die Veedel Humboldt/Gremberg, Vingst und Höhenberg, die direkt an Kalk angrenzen, sind die verbleibenden kaum der Rede wert.

Zum einen liegen sie so weit ab von der Innenstadt, dass Du Dich schon wirklich sehr nach Ruhe sehnen müsstest, um hier wohnen zu wollen. Zum anderen gibt es hier nicht viel Besonderes. Einzig der Königsforst, ein ca. 30 km² großes Waldgebiet, in dem sich wunderschöne Sonntagsspaziergänge und prima Joggingrouten absolvieren lassen, ist tatsächlich ein lohnenswertes Fleckchen.

Mülheim

1 Mülheim

Mülheim ist dem Stadtteil Kalk gar nicht so unähnlich. Auch hier findest Du einen ähnlichen Mix vieler unterschiedlicher Kulturen sowie ein außerordentlich breites Spektrum unterschiedlichster Charaktere. Darunter leider auch viele „Breite", ohne Spektrum.

Was sich lustig anhört, ist nicht unbedingt etwas für jedes Gemüt. Sobald die Sonne ihre Tagschicht vollendet hat, sind laute Pöbeleien in den verschiedensten Sprachen zu vernehmen. Das muss nicht immer schlimm sein, kann auf Dauer aber ziemlich nerven und für eine gewisse innere Unruhe sorgen!

Mülheims kleines Zentrum ist der Wiener Platz. Hier laufen mehrere Straßenbahnlinien zusammen, die dieses Veedel auch von den innerstädtischen Stadtteilen gut und schnell erreichbar machen. Vom Wiener Platz ausgehend verläuft die Frankfurter Straße stadtauswärts. Eine Einkaufsmeile, die für den täglichen Bedarf ganz praktisch, aber davon abgesehen mit wenig Charme gesegnet ist.

Die Keupstraße hingegen hat das gewisses Etwas. Wahrscheinlich gibt es nirgendwo auf der ganzen Welt mehr aneinandergereihte Dönerbuden als hier. Und falls Du regelmäßiger Köln-Tatort-Gucker bist und Freddy Schenk und Max Ballauf mal wieder in einer üblen Milieu-Straße Kölns ermitteln: Diese Szene wurde mit allergrößter Wahrscheinlichkeit in der Keupstraße gedreht.

Aber wie auch immer, auch Mülheim hat wirklich positive

INFOBOX

Miethöhe:			
Einwohnerdichte:			
Hochhausfaktor:			
Grünfläche:			
Kneipendichte:			
Distanz zum Dom:	5,2 km		

Bezirk Mülheim

Seiten, die es eine Über-
legung wert sind, hier-
her zu ziehen. So sind
die Mieten – ach, wer
hätte es gedacht –
absolut im Rahmen.
Darüber hinaus findest
Du schöne (und harmlo-
se) Straßen mit einem
tollen Altbaubestand
und dementsprechend

fantastischen Wohnungen. Gerade in den direkt am Rhein gelegenen Eckchen kann das Wohnen in Mülheim dann doch sehr entspannt und urig sein.

Kurzum: Mülheim ist vielleicht nicht das kölscheste Veedel, aber
allemal ein Abenteuer wert, dass man eine Zeit lang gut mitmachen
kann.

Der besondere Platz

In Mülheim sind es definitiv
zwei besondere Plätze: Das **E-
Werk** (Schanzenstr. 36) und das
praktischerweise gegenüberliegende **Palladium** (Schanzenstr.
40). Zwei tolle Konzertlocations,
wo in regelmäßigen Abständen
sehr gute Bands spielen, die
noch nicht ganz Stadiongröße
erreicht haben.

www.e-werk-cologne.com
www.palladium-koeln.de

Häuschen schön Gartenzaun Wohnung Nachbar //49

2 Buchforst, 3 Buchheim, 4 Holweide, 5 Dellbrück, 6 Höhenhaus, 7 Dünnwald, 8 Stammheim, 9 Flittard

Natürlich hat wie alle Kölner Bezirke auch der Bezirk Nummer 9 mehr Stadtteile, als das namensgebende Mülheim selbst. Doch abgesehen vom Stadtteil Buchforst, der Bindeglied zwischen den Veedeln Kalk und Mülheim ist, sind die Verbleibenden als Wohnort nur bedingt zu empfehlen.

Hauptgrund ist einfach wieder einmal die Entfernung zur Innenstadt. Du hast zwar immer noch die Möglichkeit, mit der städtischen U-Bahn-Linie zu fahren, bist allerdings bis zu 30 Minuten unterwegs, um ins Zentrum zu gelangen.

Aber nur für den Fall, dass es Dich doch reizen sollte, in dieser relativen Abgeschiedenheit zu wohnen: Die so genannte „Finnensiedlung" im Stadtteil Höhenhaus ist richtig schick und schnuckelig. Hier findest Du ein Sammelsurium uriger Holzhäuser im skandinavischen Stil, von denen immer mal wieder welche zur Miete (oder zum Kauf) ausgeschrieben sind.

Köln endlich endlich Köln endlich

F

Stra

Von
Von A nach B

Fahrrad
Fahrrad
Fahrrad
Fahrrad

Straße
Straße

Hupe

Schiene
Straßenbahn
Straßenbahn

Stau
Stau
Stau

A
A
B
B
B

Fahrrad   Stau
Straßenbahn   Hupe
Schiene

Köln ist eine große Stadt. Und zwar so groß, dass es manchmal länger dauert, von einem Ende der Stadt zum anderen zu kommen, als die Nachbarstädte Bonn oder Leverkusen zu erreichen. Deshalb ist bei der Orientierung in der Großstadt Sinn für Strategie gefragt – und zugegebenermaßen sind einige Veedel einfach besser erschlossen als andere. So wird man zwar niemals ein Problem haben, nach Kalk zu kommen. Wenn man sich aber in Poll ansiedelt, wird es schon schwieriger.

Bevor man also nach Köln oder innerhalb der Stadt umzieht, sollte man online den Stadtplan aufrufen und die Verbindungen im und zum Wunsch-Veedel überprüfen. Besonders zur Universität ist die Anbindung oft relativ schlecht. Man sollte meinen, mit etwas über 45000 Studierenden wäre die Uni ein logistischer Dreh- und Angelpunkt, tatsächlich gibt es aber nur eine Straßenbahnlinie (mit eigenwilligem Fahrplan!) und zwei Buslinien, die direkt am Hauptgebäude halten. Der nahe gelegene Bahnhof Süd ist NICHT barrierefrei und dort halten keine S-Bahnen. Soviel dazu.

Aber wollen wir das Pferd mal nicht von hinten aufzäumen. In Köln gibt es unterschiedlichste Fortbewegungsmöglichkeiten und die meisten sorgen – wie so vieles in Köln – nebenbei für heitere Anekdoten.

Die Füße

Besonders in der Innenstadt braucht man keinen eigenen fahrbaren Untersatz. Gerade zwischen Uni und Rhein, Barbarossaplatz und Friesenplatz ist es wirklich sinnvoll, sich zu Fuß zu orientieren. Die Straßen sind eng und verstopft und rechts und links gibt es zu vie-

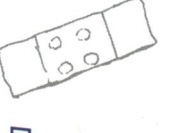

le tolle Ecken oder Geschäfte, die man im Vorbeirauschen übersehen würde.

Aber Vorsicht, man sollte die Fußmärsche nicht unterschätzen: Die
Wege wirken kürzer als sie eigentlich sind, weil es sooo viel zu
sehen gibt. Zu Fuß von der Uni zum Rhein ist zwar fraglos ein toller Spaziergang, aber eine halbe Stunde darf man dafür schon einplanen. Ähnlich sieht es aus, wenn man vom Barbarossaplatz zum
Friesenplatz läuft. Die Zeit ist niemals verschwendet, aber besonders wenn man verabredet ist, sollte man ein paar extra Minuten
einkalkulieren.

Zwei Räder

Da die Strecken oft auch ohne Trödelei lang werden können, rät es
sich, ein Fahrrad zu benutzen. Für Studis ist das eh angebracht, weil
die Kölner Uni keinen Campus hat. Die Fakultäten liegen in drei verschiedenen Veedeln verstreut und wenn man binnen einer halben
Stunde von Lindenthal nach Sülz muss, kann man, selbst mit Rad,
schon mal in Zeitnot geraten.

Natürlich gibt es an den meisten Straßen Fahrradwege, aber Rad-
fahren in Köln ist trotzdem eine Herausforderung. Als Radfahrer
nimmt man es mit Verkehrsregeln ja nicht unbedingt immer so
genau, das bedeutet aber nicht, dass dieses Verhalten allgemein
akzeptiert wäre oder gar ungeahndet bliebe. Achte also unbedingt
auf andere Verkehrsteilnehmer und die Sicherheit Deines eigenen
Rads. Die Polizei kontrolliert regelmäßig an viel befahrenen Straßen, wie etwa der Zülpicher Straße. Intaktes Licht, Reflektoren und
vor allem KEIN ALKOHOL sollten Selbstverständlichkeiten sein.

Zur Sicherheit des Rades gehört in Köln auch mindestens ein bom-
bensicheres Schloss. Wobei das Schloss allein nicht unbedingt

reicht: Wenn Du Dein Rad über Nacht draußen stehen lassen musst, schließ es an, nicht nur ab, sonst stehen die Chancen wirklich sehr schlecht, dass es am nächsten Morgen noch da ist.

Bei Fragen rund ums Rad gibt es in Köln unzählige Anlaufstellen. Hoch im Kurs stehen dabei besonders die Selbsthilfewerkstätten:

Der **Asta der Uni Köln** (Zülpicher Str., Innenhof Unimensa) bietet für Studis regelmäßig seine Mitschraubgelegenheit an. Hier geht es darum, kleinere Macken selbst auszubessern. Außerdem darf jeder mitmachen. www.asta.uni-koeln.de --> Service
                                                      --> Fahrradwerkstatt

Das **Bürgerzentrum Alte Feuerwache** (Melchiorstr. 3) im Agnes-veedel bietet jeden Freitag eine Fahrradwerkstatt für Kinder und auch für Erwachsene an, bei der man lernen kann, sich selbst um das Wohlergehen des Drahtesels zu kümmern. www.baf-koeln.de

--> Bereiche --> Werkstätten --> Fahrradwerkstatt

Radstation Köln (Breslauer Platz): Hier wird nicht nur repariert, sondern es gibt auch einen Räderverleih und man kann (z.B. für den Besuch aus der Heimat) Stadttouren buchen. Darüber hinaus fördert diese Kooperation der DB, „In Via e.V." und der Stadt Köln die berufliche Integration arbeitsuchender Menschen. Eine rundum gute Sache also. Die Radstation findest Du seit Frühjahr 2012 nicht mehr nur am Hauptbahnhof, auch in der Altstadt am Rhein gibt es einen weiteren Fahrradverleih.
www.radstationkoeln.de

Zweiradwerkstatt 180° (Odenwaldstr. 90): Auch bei dieser Werkstatt verbinden sich mehrere gute Ideen zu einer tollen Einrichtung: Hier werden Menschen, die eine Drogenkarriere hinter sich haben und gerade auf den rechten Weg zurückkehren wollen, zu Fahrradmechanikern ausgebildet. So werden sie im Alltag geerdet und ihr bekommt für kleines Geld eure Räder geflickt. Der Service ist spitzenmäßig und natürlich wird der Betrieb von Handwerksmeistern geführt. www.zweiradwerkstatt180grad.de

Veloküche (Overbeckstr. 41 – 47): Die Veloküche ist so etwas wie der Matchmaker unter den kölschen Fahrradläden. Hier findet jeder den passenden Untersatz. Der Betrieb wird mit ganz viel Hingabe und Ehrlichkeit geführt – absolut empfehlenswert!
www.velokueche.de

Darüber hinaus finden wöchentlich Fahrradmärkte statt, bei denen Du günstig gute gebrauchte Räder erstehen kannst:

Jeden ersten Samstag im Monat: **Köln-Neustadt-Nord/Nippes**, Vorplatz Agneskirche/Neusser Platz, 8.00-16.00 Uhr

Jeden zweiten Samstag im Monat: **Köln-Ehrenfeld**, Neptunplatz, Venloerstr./Neptunstr., 8.00-16.00 Uhr

Jeden dritten Samstag im Monat: **Köln-Innenstadt**, Friesenplatz, Venloer Str./ Ring, 8.00-16.00 Uhr

Jeden vierten Samstag im Monat: **Köln-Kalk**, Bürgerpark, Barcelona-Allee/Rückseite Köln-Arkaden, 8.00-16.00 Uhr

Fahrrad   Stau
Straßenbahn   Hupe
Schiene

Wenn Räder für Dich mehr sind als praktische Transportmittel, ist die Organisation **Critical Mass Cologne** sicher interessant für Dich. Die Bewegung, die sich für die Interessen von Radfahrern einsetzt, trifft sich jeden letzten Freitag im Monat um 17.30 Uhr am Rudolfplatz unter dem Hahnentor zur Stadtrundfahrt. Critical Mass ist sicher auch ein idealer Anknüpfungspunkt, wenn Du in Köln gerade erst Pedal ... äh ... Fuß fasst. Zu erreichen sind diese netten Menschen über:

www.critical-mass-cologne.de

Ein wahrer Fortbewegungs-Trend sind in Köln Skate- und Longboards. Dreh- und Angelpunkt ist der Ehrenfelder Laden **concrete wave** (Venloer Str. 502). Hier bekommt man einfach alles, was ein Skaterherz höher schlagen lässt: Skateboards, Longboards, alles Denkbare an Hardware, eine große Auswahl an Decks und Klamotten und obendrein finden sich auch jederzeit nette Gleichgesinnte zum Austauschen.

www.concretewave.de

Busse und Bahnen

Kommen wir zu den Verkehrsmitteln, die für weitere Strecken unerlässlich sind. Was den Öffentlichen Personennahverkehr (ÖPNV) angeht, gibt es in Köln nur eine Adresse: die **KVB**. Dieser Exklusiv-Status ruft bei den Kölnern jedoch nicht selten einen kleinen (und manchmal auch großen) Seufzer hervor. Denn die Straßen- und U-bahnen der Kölner Verkehrsbetriebe sind zwar allgegenwärtig, Freud und Leid liegen hier aber nah beieinander.

So kann es sein, dass vor Deiner Tür zwar eigentlich drei verschiedene Bahnen fahren, diese drei aber für eine halbe Stunde nicht auftauchen: „Wegen technischer Schwierigkeiten" oder „Wegen Feuerwehreinsätzen am Gleis" oder manchmal auch einfach wegen „Ups, da han isch mich verfahren". Passiert. Jedenfalls solltest Du an

der Haltestelle nicht zuerst auf die angegebene Wartezeit schauen, sondern auf die Sonderhinweise. DAS sind die Informationen, die Du wirklich brauchst.

Trotzdem lieben die Kölner ihre KVB. Die Bahnen fahren in die entlegensten Winkel und auch unter der Woche ziemlich lang. Am Wochenende kommen sie sogar die ganze Nacht hindurch. Zuletzt: In welcher anderen Stadt treffen sich die Bahnen schon zum Rendez-Vous?! www.kvb-koeln.de   --> Fahrplan&Mehr
                                  --> Rendezvousverkehr

Studis fahren mit dem Semesterticket kostenlos und können unter der Woche ab 19.00 Uhr und am Wochenende noch eine weitere Person mitnehmen. In Köln wird es gerne gesehen, wenn man Mitreisenden in der Bahn das „Mitnehmen" anbietet! Meistens führt das zu interessanten und spannenden Bekanntschaften – und gut fürs Karma ist es allemal!

Zusätzlich zu den Bahnen der KVB erschließen Busse das gesamte Stadtgebiet. Besonders in den Vororten und ländlicheren Vierteln kommt man mit ihnen sehr viel weiter als mit der Bahn. Und als die Linie 142 zwischen Sülz und Nippes eröffnet wurde, jubelten Tausende Studis, dass es endlich einen Bus gibt, der zwischen den verschiedenen Fakultäten der Universität pendelt.

Die meisten Informationen über Monatskarten und Fahrpläne findest Du im Internet und in der Neumarkt Passage, denn hier gibt es ein größeres Infozentrum. www.kvb-koeln.de

Wichtig in Köln sind auch die S-Bahnen und manche Regionalzüge der DB. Die sind oft

Köln   endlich   endlich

schneller als die Straßenbahn. Wenn man zum Beispiel von Kalk nach Ehrenfeld möchte, lohnt es sich, die S-Bahnen zu nutzen. Informationen hierzu gibt es unter: www.db.de

Ab in die Lüfte

Die S13 fährt regelmäßig zum Flughafen Köln/Bonn. Dieser ist für die Metropolregion natürlich unerlässlich. Ob man in den Urlaub möchte oder beruflich pendelt: Von Köln aus sind Kurzstreckenziele einfach zu erreichen. Vertreten sind alle wichtigen großen Airlines, wie Lufthansa, Condor, Air France, aber auch Ryan Air, easyjet oder Wizzair, die einen oft schon für sehr kleines Geld ans Wunschziel bringen. Natürlich werden auch alle größeren europäischen Metropolen wie London, Rom, Prag, etc. angeflogen, aber auch Strandurlaube in der Türkei, Spanien oder Nordafrika können gebucht werden. Wenn Dich jetzt die Reiselust packt, solltest Du erst einmal online surfen: www.koeln-bonn-airport.de

Schippern und Gondeln

Wenn es Dich nicht gar so weit in die Ferne zieht, dann kannst Du auch bei Rhein-Kilometer 677 oder 688 in eine der Fähren steigen und Dich in Seelenruhe über den Rhein schippern lassen. Zwar gibt es unzählige Brücken, aber vor allem ältere Besucher freuen sich immer wieder sehr, wenn man mit ihnen eine Runde Bötchen fährt. Oder Seilbahn! Mit der kommt man bequem vom Zoo in den Rheinpark. www.faehre-koelnkrokodil.de   www.koelner-seilbahn.de

Die eigenen vier Räder?

Die letzte Option – und in Köln ist es das wirklich! – ist das Auto. In Köln sollte man nur Auto fahren, wenn man unbedingt muss.

Denn der Verkehr ist, vor allem auf den großen Straßen und zu den Stoßzeiten, ein absoluter Alptraum. Man kann gut und gerne mal eine Stunde für einen Kilometer brauchen, das ist kein Witz! Und Linksabbiegen gibt es in Köln nicht. Die Kreuzungen sind dafür zu groß und verstopft.

Stattdessen gibt es fast überall Gelegenheiten zu U-Turns. Das solltest Du ganz dringend beachten! Meistens sind die Kreuzungen nämlich verstopft, weil sich irgendein kluger Mensch denkt, er könne bei Gelb noch mal schnell links rum. Zudem ist die Parksituation keine Parksituation, sondern eher eine Suchen-Hoffen-Verzweifeln-Situation. Und 20 Minuten Parken kosten fast überall 1 Euro. Auch das ist kein Witz. Feste Stellplätze bekommt man ab monatlich 100 Euro aufwärts.

Da ist das CarSharing eine gute Alternative. Die KVB bietet ihren Kunden sehr gute Kooperationsangebote mit den großen Unternehmen wie z.B. Car2go oder Flinkster. Die Autos stehen im ganzen Stadtgebiet verteilt und lassen sich problemlos und flexibel mieten. Mehr Infos dazu findest Du auf: www.kvb-koeln.de

--> Fahrplan&Mehr --> KVB&Carsharing

Köln   endlich   endlich   Köln
                  endlich

lecker

lecker

lecker

mampf

Ess

endlich

Fast F

Restaurant

Restaura

Hunger?

Hunger?

Hunger?

Hunger

Hunger

Hunger

Essen

essen

Essen

Essen

kochen

Kochen

Essen

Hunger

mampf

mainp!

Fast Food

Fast Food

Fast Food

Food

mampf

endlich

Essen und Kochen sind in Köln ganz zentrale Punkte. Sei es, dass Du bei neuen Kollegen schnell punktest, wenn Du für die Mittagspause ein nettes Cafés vorschlagen kannst, oder dass Du Dich beim gemeinsamen Abendessen mit Freunden einfach direkt viel heimischer fühlst. Aber es ist auch wichtig, dass man den Eltern beim Köln-Besuch etwas typisch Kölsches kredenzen kann oder beim ersten Date mit der Restaurantwahl direkt ins Schwarze trifft. Für alle diese Fälle hast Du mit unseren Tipps vorgesorgt.

Vor dem Essen kommt bekanntlich das Kochen. Und vor dem Kochen kommt dummerweise auch noch das Einkaufen. Nunja, zum Glück ist das nun wirklich kein Problem: Die Dichte an Supermärkten ist in Köln unsagbar hoch. Im Innenstadtbereich kann man eigentlich keine 100 m gehen, ohne an einem vorbeizukommen. Selbst Bio-Supermärkte gibt es auf den meisten Hauptstraßen (Alnatura, Denn's, Biosam, Basic etc.).

Für ausgefallenere Wünsche hat Köln aber auch jede Menge in petto:

Märkte

Für Frische-Fans gibt es in fast allen Veedeln selbstverständlich **Wochenmärkte**. Gemüse, Käse, Fisch, Fleisch, Brot, Antipasti und vieles mehr bekommst Du dort direkt vom Erzeuger oder dem sympathischen Markthändler. Auch ganze Ökomärkte gibt's in Köln.

Die Übersicht aller Märkte findest Du auf unserem Marktstand auf der Doppelseite S. 66-67.

Köln endlich endlich Köln
endlich

Bring's mir bitte

Wer lauffaul ist oder Angst vor einem plötzlichen Regenguss hat, der kann sich seine Bio-Vitaminbomben in der Wunschzusammenstellung bequem nach Hause kommen lassen:

Der **Asta** der Uni Köln bietet in Kooperation mit dem **Bioland Hof Apfelbacher** eine sehr günstige Gemüsekiste an (ab 10 Euro für Selbstabholer!). Für Nicht-Studis gibt es dieses Angebot direkt vom gleichen Hof – es kostet nur etwas mehr (ab 16 Euro). www.bioland-apfelbacher.de www.asta.uni-koeln.de

--> Service
--> Gemuesekiste

Etwas günstiger kommt da die Gemüse-Schnupperkiste von **IDA** (15 Euro) daher. Die gibt's aber nur einmal, danach musst Du Dich für eins der regulären Abos entscheiden. In die Kiste kommen hier Demeter- und Naturland-Produkte. www.ida-abo.de

International einkaufen

Besonders in den Multikulti-Hochburgen wie Mülheim, Kalk, Ehrenfeld und Nippes reihen sich die Gemüseläden wie Perlen aneinander. Dort kann man sehr gut günstig einkaufen und in vielen dieser Läden sieht man sofort, wie liebevoll die Betreiber ihr Angebot pflegen.

Spitzenreiter sind die türkischen Supermärkte. Das Aushängeschild ist die **Karadag–Supermarktkette**, die von der gleichnamigen Familie mit mehreren Filialen in Köln betrieben wird (z.B. in Kalk, Mülheim, Ehrenfeld und am Eigelstein). Hier findet man nicht nur frisches Obst und Gemüse, sondern auch einen Metzger und türkische Klassiker wie eingelegten Schafskäse, Oliven, Joghurt, aber auch typisch türkische Süßigkeiten und Limonaden – einfach alles, was das Herz begehrt.

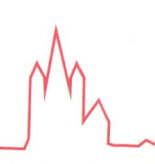

In den Asialäden gibt es meistens eine kleinere Auswahl an frischen Produkten, dafür mehr Convenience, Tee, Reis, etc. Der bekannteste Asia-Supermarkt ist wohl **Heng Long** (Aachener Str. 201-209). Hier bekommt man auch viel Zubehör für die richtige Zubereitung und das Drumherum – Woks, Teekessel, Dekoartikel, etc. Für Heng Long sollte man sich allerdings Zeit nehmen, es gibt viel zu entdecken.

Eine Legende ist **The English Shop** (An St. Agatha 41) direkt an der Shoppingmeile Kölns, der Schildergasse. Für Fans britischer Esskultur finden sich hier Scones, Porridge, Worcester Soße und Ale sowie britische Devotionalien wie Teetassen, englische Zeitschriften – und vor allem: Candy! Red Band Weingummis, Hersheys Schokolade, Walkers Chips – der Laden ist ein Schlaraffenland! Die Preise sind allerdings auch sehr britisch, sprich: hoch.

Feinkost, Delikatessen und Naschkram

Wenn es Delikatessen oder Feinkost sein sollen, empfiehlt sich zunächst mal ein Spaziergang durch die unmittelbare Nachbarschaft. Es ist schwierig, der Fülle an tollen Lädchen gerecht zu werden, man muss sich wirklich mal das Rad schnappen und durch die Nachbarschaft rollen, um den Spezialitäten-Händler des Vertrauens zu finden.

Ein sicherer Tipp ist aber **Böhmer's Köstlichkeiten** (Neusser Str. 312) in Nippes. Hier gibt es qualitativ hochwertiges Obst und Gemüse, Feinkostartikel wie z.B. Öle und Marmeladen, aber auch Wein und eine prall gefüllte Käsetheke (in der sich allerdings auch Salami, Bündner Fleisch und Antipasti finden lassen!).

Diejenigen, die probierfreudiger sind, sollten unbedingt den Weg nach Ehrenfeld in **Et Marmelädchen** (Subbelratherstr., Ecke Landmannstr.) machen. Wie der Name schon sagt, gibt es hier Marmeladen, aber auch Chutneys, Pestos, die ganze Bandbreite an luftver-

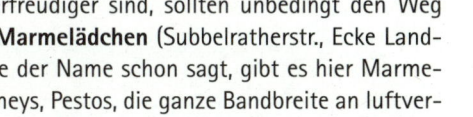

Wochen...

Chorweiler
Liverpooler Platz,
Do 7.00 – 13 Uhr,
Sa 7.00 – 14.30 Uhr

Ehrenfeld
Neptunplatz
Di & Fr
7.00 – 13.00 Uhr

Neustadt-Nord
Sudermanplatz,
Di & Fr
7.00 – 13.00 Uhr

Keine Selbstbedienung   Verkauf nur im Geschäft

Altstadt-Nord
Apostelnkloster
Di 7.00 – 13.00 Uhr
Fr 7.00 – 14.00 Uhr

Braunsfeld
Aachener Str. 460
(am Bahnübergang),
Mi & Sa
7.00 – 13.00 Uhr

Zollstock
Höninger Weg/ Herthastr.
Do 7.00 – 13.00 Uhr

Ökomärkte
Rodenkirchen – Maternusplatz, Do 8.00 – 14.00 Uhr
Agnesviertel – Neusser Platz, Do 8.00 – 14.00 Uhr
Südstadt – Severinskirchplatz, Di & Fr 10.00 – 18.00 Uhr
Innenstadt – Rudolfplatz, Mi 11.00 – 18.00 Uhr & Sa 8.00 – 14.00 Uhr

ärkte *endlich*

Mülheim
Wiener Platz
Di, Do & Sa
7.00 – 14.00 Uhr

Deutz
Deutzer Freiheit
Fr 7.00 – 13.00 Uhr

Kalk
Kalk Post/ Kalk Kaufhof
Sa 8.00 – 15.00 Uhr

Weiden
Emil Schreiterer Platz,
Mi & Sa 7.00 – 13.00 Uhr

Klettenberg
Klettenberggürtel/
Siebengebirgsallee,
Mi & Sa 7.00 – 13.00 Uhr

Lindenthal
Lindenthalgürtel/
Gleueler Straße,
Fr 7.00 – 13.00 Uhr

Sülz
Auerbachplatz,
Di & Fr 7.00 – 13.00 Uhr
Hermeskeiler Platz,
Di & Fr 7.00 – 13.00 Uhr

Nippes
Wilhelmplatz
Mo – Fr 7.00 – 13.00 Uhr,
Sa 7.00 – 14.30 Uhr

Köln   *endlich*   endlich   *Köln*
endlich

siegelten Köstlichkeiten. Aber – und das ist ein großes Aber – die Besitzerin zaubert auch wunderbare Snacks und kleine Mahlzeiten aus allen Ecken der Welt herbei. Das Angebot wechselt und wird liebevoll ausgewählt. Dementsprechend gibt es hier immer wieder neue Highlights, die man unbedingt alle probieren muss. Wirklich alle! www.et-marmelaedchen.jimdo.com

Wenn es Dich nach Käse gelüstet, ist das **Käsehaus Wingenfeld** (Ehrenstr. 90) die absolute Institution. Der Laden ist für jede Nase eine echte Herausforderung, aber die Auswahl ist unschlagbar. Hier kann man sich in ein Käsekoma probieren, das jeden Racletteabend lächerlich erscheinen lässt. Außerdem gibt es auch Workshops, an denen Eltern oder Großeltern vielleicht ihren Spaß hätten. Einfach mal vorbeischauen, diesen Duft vergisst man nicht mehr!
www.kaesehaus-wingenfeld.de

Für echte Leckermäulchen ist **Törtchen Törtchen** sicher sowas wie das Tor zum Himmel. Der Name sagt es schon: Cupcakes, Pralinen und Kuchen, wo das Auge hinschaut. Das alles wird in der Nippeser Backstube vom preisgekrönten Personal kreiert – nicht bloß gebacken – und in drei Filialen in Köln verkauft (Apostelnstr. 19, Alte Wallgasse 2A und Steinbergstr. 5). www.toertchentoertchen.com

Wer sich den Orient auf der Zunge zergehen lassen möchte, muss zur Konditorei **Hasan Özdag** (Keupstr. 84) in Mülheim. Die Keupstraße in Mülheim ist sowieso ein einziger Schlemmertempel, aber ob Baklava, Torten, Pralinen, Mandeln – diese Konditorei hat orientalischen Genuss studiert und auf kölsche Bedürfnisse zugeschnitten. Die Auswahl ist riesengroß und der Zuckerrausch vorprogrammiert. www.hasan-oezdag.com

Sündigen ist natürlich nur mit Schokolade so richtig machbar, und deshalb musst Du zu **Hernando Cortez** (Gertrudenstr. 23). Benannt nach dem spanischen Entdecker, kommt der Laden im Kolonialstil daher und bietet auch für Abenteuerlustige aufregende Kombinationen. Von der Praline bis zur heißen Schokolade ist alles erhältlich und Schokoladenfans werden sich fühlen wie Charlie in seiner Fabrik. Übrigens wird hier auch sehr auf fairen Handel geachtet.
www.hernando-cortez.de

Essen@Köln.de

Wie bei allem anderen lohnt sich auch beim Thema Essen der Blick ins Netz: Wenn man z.B. ein gutes Rezept oder spezielle Zutaten sucht, ist man gut beraten, erst mal im Nett-Werk bei Facebook zu stöbern. Hier haben viele nette Kölner ihren gesammelten Erfahrungsschatz in Dateien gepackt. Wird man dort nicht sofort fündig, kann man auch einfach die Nachbarn fragen. Nette Anrede und eine kurze, ansprechende Zusammenfassung dessen, was man sucht, reichen. Geantwortet wird meistens binnen Sekunden.
www.facebook.de --> Suche: Nett-Werk Köln

Für Menschen, die ungern alleine kochen und essen, gibt es außerdem **SEMF – Schnell essen mit Freunden**: Das ist ebenfalls ein Facebook-Phänomen, bei dem sich freundliche Kölner in geselligen Runden zusammen finden. Einer kocht, die anderen essen. Die Kosten werden fair geteilt und die Menüvorschläge sind übersichtlich in einer Datei gesammelt. Die Scheu vor Fremden im eigenen Haus sollte man überwinden und SEMF unbedingt ausprobieren!
www.semf24.de

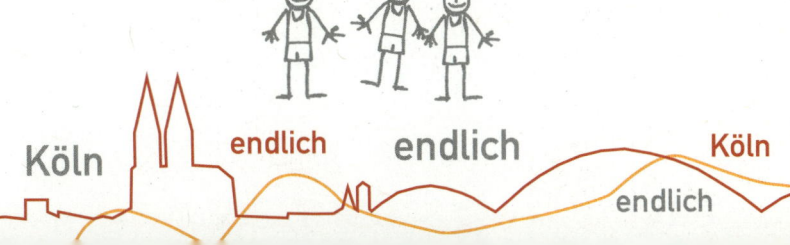

Köln   endlich   endlich   Köln
endlich

Hunger? Hunger?

Essen
unterwegs

Restaurant
Fast Food

Döner
Speisekarte
Pizza

Fast Food
sekarte
estaura

Döner

Wenn Du draußen auf den Straßen Kölns unterwegs bist, hast Du meist jede Menge damit zu tun, ganz viel zu sehen oder bist schwer damit beschäftigt zu flanieren. Wenn da dann der Hunger dazwischen kommt, kann das die beste Laune vermiesen. Also, lass es einfach nicht so weit kommen! Die (unserer Meinung nach) besten Cafés, Kneipen, Restaurants und Bistros. Für jeden Anlass findest Du hier hübsch sortiert: für jede Tageszeit, gut und günstig, mit Freunden, für Dates, mit den Eltern, für besondere Ansprüche.

Cafés für jede Tageszeit

Unter dem Motto „Frühstück, Kleinigkeiten für Zwischendurch, Kaffee und Kuchen" lassen sich einige der unzähligen kleinen Cafés zusammenfassen. Sie sind alle auf ihre Weise einzigartig, daher sollte man sich die Liste unbedingt der Reihe nach vornehmen und erst dann entscheiden, wo man wirklich heimisch wird. Da sie sich für alle Anlässe eignen, schaffst Du mit Glück gleich vier oder fünf pro Tag.

Café Walter (An der Bottmühle 13) macht wunderbare Kuchen, abwechslungsreiche Mittagsgerichte und veranstaltet immer wieder Akustikkonzerte oder Lesungen. www.facebook.com/CafeWalter

Café Fridolin (Philippstr. 23) schmiert Dir Butterbrote! Die Auswahl an verschiedensten Sandwiches ist einzigartig.
www.facebook.com/fridolinehrenfeld

Café Sehnsucht (Körnerstr. 67): Alles Bio, alles lecker und gesund – ob allein für zwischendurch, mit Freunden oder Dates, immer empfehlenswert! www.sehnsucht-koeln.de

Café Elefant (Weißenburgstr. 50): Klein, aber fein – besonders gut zu lernenden Studis, denn Kaffee und Schokokuchen helfen immer!

Café Duddel (Zülpicher Wall 8) bildet das Refugium für gestresste Studis direkt an der Uni. Köstliche Baguettes und kuschelige Sitzecken sind aber wohl auch was für jeden anderen.
www.facebook.com/CafeDuddel

Café Feynsinn (Rathenauplatz 7) ist ausgezeichnet in Sachen Nachhaltigkeit, verwendet nur ausgewählte, teils selbst angebaute Zutaten und ist richtig schick. Wenn man sich mal etwas Gutes tun möchte, die absolut richtige Adresse! www.cafe-feynsinn.de

Café Vreiheit (Wallstr. 91): Von den Machern des Café Feynsinns, nur rechtsrheinisch! Viel Bio, viel Regionales, eben Essen mit gutem Gewissen! www.cafe-vreiheit.de

Café Goldmund (Glasstr. 2): DAS Literaturcafé Kölns – ankommen, Buch auswählen, losschmökern, Tee trinken, super!
www.goldmundkoeln.de

Gut und Günstig

Ihr kennt das – man möchte einfach schnell etwas zu essen, denn nach der Arbeit oder Uni hat man oft keine Lust, sich noch lange an den Herd zu stellen. Aber leider ist auch das Kleingeld knapp. Und wenn man dann nicht immer in den gleichen Ketten landen möchte, ist die Auswahl in Köln ziemlich unübersichtlich.

Perfekt sind dann die **Zülpicher Straße**, **Venloer Straße**, die **Kalker Hauptstraße** oder auch die **Keupstraße** in Mülheim. Egal, worauf man Hunger hat, hier gibt es so viele Imbisse, dass wirklich für jeden Geschmack etwas dabei ist. Die Qualität ist nicht in allen

Läden gleich gut – wie überall, sollte man auch hier einfach die Augen aufmachen: Ist der Laden gut besucht? Ist der Laden sauber? Das sind wichtige Indikatoren.

Darf es etwas entspannter und gemütlicher sein? Möchtest Du vielleicht auch einfach mal essen gehen? Dann solltest Du Dich eher nach Cafés oder kleinen Restaurants umschauen. Um die Suche abzukürzen, kannst Du aber auch einfach eine der folgenden Adressen aufsuchen.

Wenn man teuflischen Hunger hat, kommt das **Engelbät** (Engelbertstr. 7) in der Innenstadt gerade recht. Sein Name klingt eher nach Blutwurst, aber tatsächlich bekommt man hier die besten Crêpes der Stadt. Ob süß oder herzhaft, die Karte ist riesengroß und es werden alle glücklich. www.engelbaet.de

Am Südbahnhof wartet dagegen **Signor Verde** (Otto-Fischer-Str. 1) mit veganen Mahlzeiten auf. In diesem Laden werden keinerlei (!) tierische Produkte verwendet. Vom Eis über Kuchen bis zum legendären Döner kann jeder Mensch mit Herz für Tiere ohne schlechtes Gewissen zuschlagen. Aber selbst Fleischesser sind schon mit einem seligen Grinsen nach Hause gerollt.
www.signorverde.wordpress.com

Roher Fisch! Der wird in der **Teabox** (Domstr. 93) in Reis und Algenpapier gerollt. Nennt sich bekanntlich Sushi und ist eine verrücktgeniale Erfindung der Japaner. Köln liebt Sushi, es gibt tausend Sushibars, aber die Teabox ist besonders toll. Die Auswahl – auch an vegetarischem Sushi – ist riesig. Die Qualität ist super bei gleichzeitig sehr günstigen Preisen – anderswo in Köln kann man sich für Sushi dumm und dämlich zahlen.

Baguettes gibt es bei **Bonjour Nippes** (Neusser Str. 312). Von außen wirkt der Laden noch recht altbacken, aber die Baguettes sind es keinesfalls! Lass Dich von den laut klönenden Senioren in der ersten

Reihe nicht abschrecken, sondern geh rein. Der Inhaber dieser Einrichtung erfindet ständig neue Baguettes, bietet saisonale Süppchen und vor allem das charmanteste Lächeln des Kölner Nordens. Übrigens: Baguette überbacken lassen!
www.facebook.com/BonjourNippes

Wir wechseln die Rheinseite und finden in Kalk das **Café Casablanca** (Glockengasse 64-66). Hier gibt es auch Kaffee und Kuchen, allerdings in der orientalischen Version. Vom Börek bis zu den Baklava ist alles selbst gebacken, so dass man an diesem Laden schwer vorbeikommt.

Das China-Restaurant **Lai de Hao** (Salierring 38) überrascht in jeder Hinsicht. Die Einrichtung ist etwas kahl, aber die Gerichte sind teilweise sehr aufwändig selbst gemacht und besonders die Auswahl an Dim Sum ist unübertroffen.

Aus einer anderen Ecke Asiens stammen die Rezepte für das leckere Essen im **Raja Hindustani** (Richard-Wagner-Str. 24). Der Laden ist schon ziemlich schick eingerichtet, aber da man auch schon für unter 10 Euro gut satt wird, passt es zum Glück noch in diese Rubrik. Besonders die Fischgerichte sind einen Versuch wert!
www.rajahindustani.de

Die gute alte Wurstbude darf natürlich auch nicht fehlen. Obwohl, **Woosch** (Brüsseler Str. 43) als Wurstbude abzutun, wäre eine Frechheit. Hier gibt es „traditional German fast food" der Superklasse. Alles wird selbst gemacht, alles wird in großen Portionen aufgetischt und alles ist lecker! www.facebook.com/WooschCologne

Kommen wir zum absoluten Insider dieser Kategorie: Das **Sant'Angelo** (Aquino Str. 1a) im Agnesveedel. Klar, Du hast schon drauf gewartet – endlich ein Italiener! Sant'Angelo ist ganz authentisch italienische Küche und ganz authentisch italienisches Flair. Aber Achtung, hier gibt es keine Pizza! Sei nicht enttäuscht, die Pasta

und Fleischgerichte sind so ein Knüller, dass man Pizza völlig vergisst. Und die Portionen sind so groß wie sizilianische Dörfer. Die Einrichtung ist kitschig-romantisch, dafür sitzt man im Sommer draußen herrlich. Unbedingt, unbedingt hingehen!
www.st-angelo.de

Mit Freunden

Natürlich kann man in alle oben aufgelisteten Restaurants auch mit Freunden gehen. Im Unterschied zu den nachfolgenden sind sie nur vielleicht etwas kleiner und ruhiger. Mit Freunden möchte man vielleicht auch noch länger zusammensitzen, was trinken, vielleicht auch eine Runde Billard oder Kicker spielen. Dafür sind die folgenden Restaurants besser geeignet:

Das **Trash Chic** (Wiersbergstr. 31) in Kalk kommt etwas rauer daher, hier stehen alle Zeichen auf Punk. Die Musik ist zwar nicht überlaut, aber definitiv hörbar. Und was die Köche auf die Teller zaubern, gehört eigentlich verboten: Es gibt die besten vegetarischen Burger und Chili Cheese Fries der Stadt (alle Speisen wahlweise auch vegan!), aber immer auch eine beachtliche, saisonal geprägte Wochenkarte (Tafeln beachten!). Die Quiche und vor allem die tollen Dessertkuchen sind sehr empfehlenswert. Besonders bei Sportfans ist das Trash Chic beliebt, denn es liegt direkt neben den Abenteuerhallen Kalk UND ist Austragungsort vieler Kickerturniere.
www.trash-chic.com

Wenn es schnell auf die Hand gehen soll, besonders zu später Stunde, empfiehlt sich **Das Werk – lecker Imbiss** (Hohenzollernring 90) in der Innenstadt. Es bietet alles, was man nachts nach der Feierei noch braucht: Pommes und Würstchen. Aber das Werk ist bei Weitem keine beliebige Bude – die Würstchen werden im Umland extra aus glücklichen Tieren (a.k.a. artgerechte Tierhaltung!) angefertigt

Köln   endlich   endlich   Köln
endlich

und Soßen und Pommes mit größter Sorgfalt selbst gemacht. Es lohnt sich also durchaus, das Werk auch tagsüber aufzusuchen.

Nur einige Meter weiter findet ihr das **Kittichai** (Ehrenstr. 81), einen thailändischen Imbiss mit Showküche und Cocktailbar. Der Laden ist kunterbunt, und hier läuft die Musik abends auch gerne mal etwas lauter. Die Portionen im Kittichai sind riesig, alle Zutaten frisch und die Preise sehr fair. Extratipp: Die selbstgemachten Limonaden probieren!

Momentan hoch im Kurs stehen in Köln Burger. Legendär sind vor allem die **Beef Brothers** (Aachener Str. 12) am Rudolfplatz. Wenn man irgendwen – besonders die männlichen Kumpels – nach den besten Burgern der Stadt fragt, werden sie als allererste genannt, ohne Zögern. Die Burger sind amerikanisch und fantastisch: groß, reichlich belegt UND man kann doppelt Fleisch bestellen. Vegetarier, die sich reintrauen, bekommen ihren eigenen Burger. Einziges Manko: Drinnen gibt es kaum Sitzplätze! www.beef-brothers.de

In der Südstadt liegt ein weiterer Burgerladen, **Die Fette Kuh** (Bonner Str. 43). Allein aufgrund der Lage ist sie vermutlich nicht ganz so bekannt wie die Beef Brothers, an den Burgern kann das jedenfalls nicht liegen. Die sind riesengroß und die wöchentlichen Aktionsburger absolute Highlights. In der fetten Kuh wird knallhart experimentiert und die Resultate sind wahnsinnig lecker. Die Burger gibt es alle auch in vegetarischen Varianten, also nix wie los und hin da!
www.facebook.com/DiefetteKuh

Garantiert Burger-frei: Das **Jakubowski** (Mülheimer Freiheit 54) in Mülheim ist ein gemütlicher kleiner Laden, in dem man schön frühstücken, brunchen, Kleinigkeiten zu sich nehmen und Kuchen essen kann. Optisch wirkt es wie ein französisches Bistro, die Küche ist aber eher italienisch angehaucht. Die Speisekarte wechselt häufig und alles – auch die Kuchen – sind selbstgemacht. Sonntags gibt es übrigens einen Sonntagsbraten, der in Köln seinesgleichen sucht. www.jakubowski-koeln.de

Wie wäre es mit einem gemütlichen und trotzdem experimentierfreudigen Essen mit Freunden? In Zollstock bei **Yummy Town** (Höninger Weg 218b) bekommst Du beides. Dieses chinesische Restaurant bietet ein preislich unschlagbares Buffet, das auch Sushi und mongolischen „Hot Pot" beinhaltet. Die Auswahl ist sagenhaft groß, vor allem neugierige Fleischesser kommen mit Strauß, Hirsch und sogar Hai ganz auf ihre Kosten. www.yummy-town.de

Auch mit Freunden darf eine Option natürlich nicht fehlen: La Cucina Italia! Die **Pizzeria Piccola** (Venloer Str. 410-412) in Ehrenfeld ist ein echtes Familienunternehmen. Der Laden ist stylish, der Laden ist schön, der Laden ist voll, das Essen ist großartig. Mehr kann und muss man eigentlich nicht sagen! Oh, doch, hier gibt es auch Pizza – der Name verrät es. www.pizzeriapiccola.de

Pizza, Pasta e Basta (Klettenberggürtel 15) ist daneben etwas kleiner, schlichter, aber ebenso empfehlenswert. Die Auswahl ist größer und absolut authentisch italienisch. Die Pizzen gibt es hier wahlweise auch aus Dinkelvollkornmehl, das sollte man auch mal testen! www.pizzapasta-e-basta.de

Hunger
Fast Food
Speisekarte
Essen
Restaurant

Für Dates

Diese Kategorie versteht sich mit einem kleinen Augenzwinkern. Natürlich kann man der oder dem Angebeteten auch zutrauen, dass sie oder er mit einen Burger essen geht, andererseits sollte ein künftiger Partner sich auch vor einer Kuchentafel gut machen, oder? Doch bei Dates möchte man keine laute Musik. Schon eher schummriges Licht, eine behagliche Atmosphäre – und wenn das Restaurant dann noch einen romantischen Namen trägt – na, dann ist die Sache doch geritzt!

Café Bastard (Friesenwall 29) klingt jetzt aber erst mal nicht besonders romantisch. Ist es aber. Außer vielleicht für Spießer. Das Bastard ist ein sehr beliebter Treffpunkt der LGBT-Gemeinschaft, aber auch Hetero-Pärchen verbringen hier schöne Abende. Essen, Getränke und Service sind top, der Laden an sich extrem gemütlich und besonders schön ist es, im Sommer im schattigen Innenhof zu sitzen. www.bastard-bar.de

Das **Hallmackenreuther** (Brüsseler Platz 9) ist sehr stylisch und eher für das dritte Date geeignet, wenn man sich schon etwas beschnuppert hat und nach dem Essen noch ausgehen möchte. Hier kann man drinnen sitzen und essen, während vor der Tür das hippe Leben Kölns tobt. Doch bevor man sich von dem Trubel nach draußen ziehen lässt, sollte man schauen, ob im Keller zufällig Konzerte stattfinden. Das kommt nämlich häufiger vor.

Ein ganz klassisches Restaurant für Dates ist der **Stadtgarten** (Venloer Str. 40). Die Küche trumpft mit gehobenen internationalen Gerichten auf, die jeweils saisonal abgestimmt werden. Dazu ist das Ambiente sehr romantisch, besonders im Sommer: Alte Bäume säumen den Außenbereich und alles wird von bunten Lichterketten beleuchtet. Eine wahre Oase mitten in der Stadt, absolut schön! www.stadtgarten.de   --> Gastronomie

Das **Heval** (Krefelder Str. 37) ist ein winziges Restaurant am Ebertplatz. Hier gibt es kurdische Speisen, die authentisch auch mal mit kleinem Tischgrill serviert werden. Die Gerichte sind durch die Bank absolut liebevoll zubereitet. Außerdem sitzt man in kuschelig-kleinen Diwans, es ist recht dunkel, überall leuchten Kerzen und der Service ist sehr gut! www.restaurant-heval.de

Ebenfalls in der Nähe des Ebertplatzes befindet sich **New Konfuzius** (Thürmchenswall 3), ein traditionsreiches chinesisches Restaurant. Im Gegensatz zu anderen gibt es hier kein Buffet, wodurch das Restaurant insgesamt ruhiger ist. Hier sollte man sich zum Essen übrigens keinen Wein, sondern Tee bestellen.
www.restaurant-konfuzius.de

Das **Jaipur** (Marzellenstr. 50-56) ist ein außergewöhnliches indisches Restaurant in der Innenstadt. Die Karte ist groß und die Auswahl daher etwas schwer zu treffen. Aber was dieses Lokal für Dates tauglich macht, ist die Einrichtung: Hier gibt es so viel zu sehen, dass einem auf keinen Fall der Gesprächsstoff ausgehen wird! www.restaurant-jaipur.de

Und wieder die Italiener zum Schluss. Ganz klassisch, ganz schön und vor allem sehr romantisch sind beide Filialen des **Rosenstock** (Neusser Str. 217, Mindener Str. 2). Sowohl drinnen als auch draußen einfach perfekte kleine Restaurants, um sich beim gemeinsamen Abendessen besser kennen zu lernen. Die Portionen sind groß, die Preise dafür sehr fair und der Service freundlich zurückhaltend.
www.rosenstock-koeln.com

Schließlich bleibt dann noch **Pastamore** (Thieboldsgasse 133-135) – und wie man es bei dem Namen erwarten kann, ist dieses Restaurant wirklich bestens für ein romantisches Dinner geeignet. Die Karte lässt keine Wünsche offen und im edlen Ambiente schmecken Pasta und Wein gleich besser. www.pastamore-koeln.de

Hunger
Fast Food   Speisekarte

Essen
Restaurant

Mit Eltern

Wenn man mit Eltern essen geht, darf es gern mal etwas rustikaler werden. Besonders wenn man nicht aus dem Rheinland stammt, sind Eltern oft neugierig auf die typisch kölsche Küche. Außerdem muss man weniger auf das Portemonnaie achten, denn mal ehrlich: Meistens zahlen die Eltern. Diese Kriterien haben bei der folgenden Auswahl also eine entscheidende Rolle gespielt:

Das **Lizbät** (Geisselstr. 6) in Ehrenfeld ist die große Schwester vom Engelbät in der Innenstadt. Der einzige Unterschied ist, dass man im Lizbät immer einen Platz findet. Und das ist wichtig, wenn man mit Eltern unterwegs ist, da möchte man nämlich nicht lange suchen müssen. Crêpes in Hülle und Fülle, da wird auch ein Vaterherz glücklich! www.lizbaet.de

Das **Kamasutra** (Weyerstr. 114) gilt allgemein als bester Inder der Stadt. Die Speisekarte ist groß und auch für Indisch-Neulinge gut verständlich. Wenn Deinen Eltern also nach etwas Exotischem ist, weil es vielleicht in der Heimat nicht mal einen Inder gibt, solltet ihr unbedingt hierhin gehen! www.kamasutra-koeln.de

The Great Wall (Komödienstr. 37) ist ein Vorzeige-Chinese. Hier gibt es die typischen chinesischen Gerichte, aber auch authentische Speisen für Neugierige. Den ein oder anderen können Froschbeine oder Schweinebauch vielleicht abschrecken, aber wer das volle Großstadtabenteuer bieten möchte, ist hier definitiv an der richtigen Adresse! www.greatwallcologne.de

Der letzte Exot in der Reihe ist der **Bosporus** (Weidengasse 36). Der Name ist Programm. In Köln leben sehr viele Menschen mit türkischen Wurzeln, Multikulti ist hier etwas, worauf man stolz ist. Und genau das erlebt man im Bosporus. Die Küche ist authentisch türkisch, das Ambiente dabei festlich schick. Wenn man seinen Eltern also zeigen möchte, dass türkisches Essen noch sehr viel mehr als

nur Kebab ist, dann ist diese Adresse eine gute Wahl.
www.bosporus.de

Deine Eltern machen gern Urlaub auf der grünen Insel? Dann ent-
führe sie in den **Jameson Pub** (Friesenstr. 30-40). Hier gibt es alles,
was ein Irish Pub braucht – Bier, Whiskey, Dämmerlicht und viel
grüne Farbe. Der besondere Hit an diesem Laden sind die Burger.
Die waren schon großartig, als der Burgertrend Köln noch längst
nicht erreicht hatte. Aber Vorsicht: Cholesterinfallen!
www.jamesonpubs.com

Die **Alte Feuerwache** (Melchiorstr. 3) ist mehr als nur ein Bürgerzentrum, sie ist auch ein tolles Restaurant. Ob Brunch oder Abendessen, hier bekommt man immer beste Speisen. Außerdem gibt es
verschiedene Themenwochen, bei denen internationale Köstlichkeiten zu entdecken sind. Unbedingt empfehlenswert!
www.lokal-koeln.de

Ein klassischer Italiener ist **Mimmo & Santo** (Neusser Str. 336) in
Nippes. Hier gibt es eine super Auswahl an bestem italienischem
Essen, inklusive einer großen Eistruhe. Die Pizza ist natürlich aus
dem Steinofen, ganz dünn und knusprig mit reichlich frischem
Belag. Köstlich!

Noch nichts dabei für die alten Herrschaften? Kein Problem: Es folgen die kölschen Urgesteine.

Em Kölsche Boor (Eigelstein
121) am Eigelstein hat viele
Jahre Tradition auf dem Buckel.
Die Atmosphäre ist gemütlich
rustikal bis schick, das Essen
reichlich und deftig. Wenn man
mit Eltern hingeht, sollte man
darauf achten, von der Ebert-

platzseite aus zu kommen. Beim Durchschreiten des Eigelsteintors kommt man sich nämlich vor, als würde man eine Zeitreise machen. www.koelscheboor.com

Em golde Kappes (Neusser Str. 295) in Nippes ist etwas schlichter und schicker, aber kein bisschen weniger rheinisch. „Hüet jöv et" steht draußen auf der großen Tafel, und dann folgen Klassiker wie „Dicke Bunne met Speck" oder „Himmel un Ääd met Pflönz"! Das Restaurant ist übrigens auch bei jüngeren Kölnern sehr beliebt und im Sommer sitzt man schön draußen. www.emgoldekappes.de

Bei Oma Kleinmann (Zülpicher Str. 9) ist eine Schnitzelinstitution auf der Zülpicher Straße und angeblich fast so alt wie der Dom. So große Schnitzel wie hier gibt es sonst nirgendwo, und außerdem ist auch noch die Auswahl riesengroß. Oma Kleinmann hat Kultstatus, hier ist es deshalb immer voll. Vom Promi über den Prof bis zum einfachen Studi trifft man hier alle möglichen Leute. www.beiomakleinmann.de

Zuletzt das **Haus Scholzen** (Venloer Str. 236). Ebenfalls ein sehr traditionsreiches Restaurant, das es mit Charme und qualitativ hochwertiger Küche geschafft hat, mehr als ein Jahrhundert zu überdauern. Hier ist es gemütlich, es gibt einen eigenen Weinhandel und nebenan sogar noch ein angeschlossenes Café. www.haus-scholzen.de

Für den gehobenen Anspruch

Manchmal muss es einfach etwas Besonderes sein. Und zwar auf dem Teller, beim Service und auch optisch. Kurz: Restaurants, mit denen man angeben kann. Voilà:

Le Moissonnier (Krefelder Str. 25) ist ein weit über die Stadtgrenzen hinaus bekannter Franzose. Très chique, très sympathique et très bon! Das Restaurant hält sich schon seit über 25 Jahren in Köln und die Menüs – hier kann man wirklich davon sprechen – sind herausragend. Die Preise auch, aber das erwartet man bei einer solch noblen Küche. Bon Appetit! www.lemoissonnier.de

Möchte man einen richtig dekadenten italienischen Abend, sollte man sich zu den **XII Aposteln** (Heumarkt 68-72, Berrenrather Str. 197) begeben. Das Restaurant existiert in Köln zweifach – am Heumarkt und in Sülz – und das mit gutem Grund. Das Interieur ist geprägt von päpstlichem Prunk, aber so muss das sein, wenn man mal nicht kleckern möchte. Die Karte ist erlesen, die Auswahl beim letzten Abendmahl war sicher nicht so gut. www.xii-apostel.com

Das **Spitz** (Pfeilstr. 32-35) ist schick und edel und bietet nach einer ausgiebigen Shoppingtour Gutbürgerliches mit frischem Anstrich. Hier gibt es sogar Würstchen, bei denen selbst die Schickeria der Ehrenstraße nicht nein sagen kann. www.spitzsystem.com

Das **Neideck** (Friesenwall 33) hält, was der Name verspricht: Voll Neid blickt man als Neuankömmling auf die Teller der bereits sitzenden Gäste und kann es kaum abwarten, bis man selbst endlich sein Essen bekommt. Der Laden ist so elegant und schick – hier heißen Pommes sogar „Kartoffelstäbchen"! Liebevoll zusammengestellte Karte, eine absolute Empfehlung!
www.restaurant-neideck.de

Das **Scampino** (Deutz-Mülheimer Str. 199) auf der schäl Sick bietet nur das Beste aus Flüssen und Meeren. Das Restaurant hat einen italienischen Einschlag und besonders die Scampigerichte sind berüchtigt. Der Fisch ist von allerbester, frischer Qualität. Einziges Manko: Hier werden Vegetarier wirklich nicht glücklich!
www.scampino-koeln.de

Kaffee
endlich
Cappuccino

Durst?
Durst?
Durst?
Durst?
Bier
Bier
Bier
Bier
Wein
Wein
Kaffee
Bier
Cappuccino
Cappuccino
endlich
Cappuccino
Kaffee
Wein
Bier

Bier Wein Trinken
Wasser
Geselligkeit

Zwei bis drei Liter Flüssigkeit sollte man nach ernährungswissenschaftlichen Erkenntnissen täglich zu sich nehmen, damit sich der Körper rundum gesund fühlen kann. Damit Du Dich jetzt nicht stundenlang unter den Wasserhahn hängst, haben wir Dir eine exklusive Auswahl besonderer Orte in Köln zusammengestellt, wo Du feinsten Kaffee, leckere Cocktails, erlesene Weine und natürlich das beste Bier genießen kannst. Wie Du Dir vielleicht vorstellen kannst, ist die Auswahl in Köln riesig und wir erheben keinen Anspruch auf Vollständigkeit. Mit unseren Tipps kannst Du aber auf keinen Fall etwas falsch machen.

Heiß, braun und immer die richtige Crema

Ungefähr in der Mitte des 16. Jahrhunderts gelangte der Kaffee nach Europa – vermutlich eine der entscheidensten Vorbedingungen für unsere moderne Gesellschaft. Jedenfalls wäre eine Kaffee-Krise im 21. Jahrhundert wohl mindestens so dramatisch wie ein fetter Börsencrash. Zum Glück besteht in Köln da keine Gefahr, denn es gibt nicht nur unzählige nette Cafés, sondern auch eine Auswahl kleiner Röstereien, die köstlichen Kölner Kaffee produzieren.

Röstereien

Schamong Kaffee (Venloer Str. 535): Seit über 50 Jahren und mittlerweile in dritter Generation röstet der Familienbetrieb die erlesene Bohne und macht aus ihr ein wirklich unglaubliches Heißgetränk. Der Kaffee ist nicht nur bio, sondern auch fair. Hier kannst Du genießen und tust Gutes – einfach, während Du Kaffee trinkst. www.kaffeeroester.de

Die Rösterei (Aachener Str. 22): In der Rösterei kannst Du gemütlich sitzen, beim Showrösten zuschauen oder Dich einfach mal

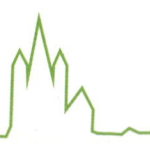

selbst als Hobby-Barista ausprobieren. Für den Fall, dass Du mit Deinem Kaffee lieber ganz alleine bist, kannst Du Dir die Köstlichkeiten dieser Rösterei auch nach Hause bestellen. Die Zubereitung musst Du dann allerdings auch selbst übernehmen.

www.moxxacaffe.de

Van Dyck (Körnerstr. 43): Obwohl Van Dyck Kaffee erst seit 2010 existiert, könnten wir an dieser Stelle eine mehrseitige Abhandlung mit spannenden und wissenswerten Fakten darüber schreiben. Das Wichtigste: Der Kaffee ist bio, fair und jede Sorte ein Hochgenuss! Das Zweitwichtigste: Du kannst die fantastischen Röstungen nicht

nur im kleinen Hauptquartier in Ehrenfeld genießen, sondern auch in vielen anderen Szene-Cafés Kölns, die ebenfalls auf die Qualität der Bohnen schwören, die von Charlotte Roches Mann, Martin Keß, und seiner Partnerin Monika Linden zu bestem Kaffee verarbeitet werden.

www.vandyckkaffee.de

Heilandt Kaffeemanufaktur (Girlitzweg 30, Bismarckstr. 41): Ein weiteres Team von Kaffeeverrückten und Qualitätsfanatikern ist die Heilandt Kaffeemanufaktur. Leckere Mischungen, die allesamt traditionell geröstet wurden und für jeden Kaffeeliebhaber die perfekte Sorte anbieten. Natürlich ebenfalls alles fair gehandelt!

www.heilandt.de

Gemütlich und heiß: Cafés mit Stil

SchwesterHerz (Venloer Str. 239): Mitten im Herzen Ehrenfelds hat sich das SchwesterHerz angesiedelt. Total klein, total niedlich und

Köln endlich endlich Köln

endlich

neben leckerem Kaffee bietet man Dir viele kleine Leckerei-
en, die nicht nur beim Sonntagsbrunch glücklich machen.
www.schwesterherz-koeln.de

Café Sehnsucht (Körnerstr. 67): Das Café Sehnsucht
ist eine Ehrenfelder Institution! Kein Wunder, denn
hier sitzt Du nicht nur saugemütlich, sondern
bekommst zu Deinem Kaffee noch grandiose
kulinarische Genüsse zu absolut fairen Preisen. Das Repertoire reicht von gut bürgerlich
über mediterran bis hin zu einfach außergewöhnlich und wird Deine Geschmacksner-
ven ganz sehnsüchtig zurücklassen.
www.sehnsucht-koeln.de

Café Wahlen (Hohenstaufenring 64): Hier sieht es aus wie bei
Oma, hier schmeckt es wie bei Oma und tatsächlich triffst Du in
diesem alt-ehrwürdigen Haus auch auf viele ältere Damen, die es
sich täglich im Interieur gemütlich machen. Allerdings triffst Du auf
ebenso viele Hippster im stylishen Tweet, die schon seit langem die
Vorzüge dieses Cafés zu schätzen wissen. Eine eigene Homepage
hat dieses Café selbstverständlich nicht!

Salon Schmitz (Aachener Str. 28): Sehen und gesehen werden! Das
ist das Motto im Salon Schmitz im Belgischen Viertel. Macht aber
nix, denn nicht nur Du wirst angeguckt, sondern kannst selbst jede
Menge interessante und uninteressante Bekanntschaften machen
und ganz nebenbei die vielfältigen Leckereien in Dich aufsaugen.

Wenn es mal schnell gehen soll: Kaffee zum Mitnehmen

Nicht immer hast Du Zeit oder Muße, es Dir in einem der vielen
Cafés gemütlich zu machen. Auf dem Weg zur Arbeit, während der
Shopping-Tour oder manchmal auch einfach nur so zwischendurch,
brauchst Du einen heißen Kaffee – sofort und im Pappbecher auf

die Hand! Auch das geht in Köln selbstverständlich ganz hervorragend, da Köln an jeder Ecke mindestens zwei, drei Büdchen oder Bäckereien hat und Du im Tausch gegen Bargeld praktisch überall Deinen Stoff bekommen kannst.

Darüber hinaus sind natürlich auch die großen Ketten in überdurchschnittlicher Anzahl vertreten. Allein die Innenstadt beherbergt **Starbucks** gleich acht Mal! Viel interessanter ist an dieser Stelle aber, dass es in Köln eine ebenbürtige Alternative zum amerikanischen Großkonzern gibt. **Woyton** wurde 1998 in Düsseldorf gegründet und betreibt mittlerweile über 20 Filialen in sechs Städten, fünf davon in Köln! Einfach mal ausprobieren und den Vergleich machen – es lohnt sich! www.woyton.de

Das beste aus der Traube! – Wein in Köln

Lange Zeit ist es her, dass es in Köln eine Vielzahl von Rebflächen gab. Und damals, im späteren Mittelalter zur Zeit der Hanse, war Köln darüber hinaus die wichtigste Weinhandelsstadt Mitteleuropas. Heute sind die Rebflächen längst verschwunden, so dass es keinen regionalen Wein aus dem Kölner Umland mehr gibt. Was sich allerdings nicht geändert hat, ist die Bedeutung Kölns als eines der führenden Weinhandelszentren in Europa. Somit ist es auch fast obsolet, Dir an dieser Stelle mitzuteilen, dass Du in Köln viele Möglichkeiten hast, leckere Tröpfchen zu degustieren. Wir zeigen Dir die besten Adressen, zum Weinkauf für zu Hause und zum gemütlichen Trinken in der Weinstube.

Weinhändler

Kölner-Wein-Depot (Amsterdamer Str. 1): Über 1700 Sorten beheimatet das Kölner-Wein-Depot und ist nicht nur für Kölner Privatmenschen, sondern auch für den Handel und Gastronomen eine

beliebte Anlaufstelle. Das dazugehörige Weinmuseum, auf dessen Dach 720 Rebstöcke aus aller Welt gepflanzt wurden, gibt darüber hinaus tiefe Einblicke in die Welt des Weins und seine Geschichte.
www.koelnerweindepot.de

Kölner Weinkeller (Stolberger Str. 92): Bereits mehrfach wurde der Kölner Weinkeller ausgezeichnet, von der Fachzeitschrift „Der Feinschmecker" im Jahr 2012 sogar zum Weinhändler des Jahres. Kein Wunder bei über 3000 Sorten, die in einem Gewölbekeller dreizehn Meter tief unter der Erde lagern! Wenn Du hier nicht den passenden Wein findest, dann musst Du ihn wohl selbst anbauen.
www.koelner-weinkeller.de

Jacques' Wein-Depot (Aachener Str. 130): Mit mittlerweile über 280 Depots, verteilt im ganzen Bundesgebiet, gehört Jacques' Wein-Depot längst zu den bekannten Großhändlern Deutschlands. Keine Frage, dass eine Filiale in Köln nicht fehlen darf!
www.jacques.de

Carpe Vinum (Alfred-Schütte-Allee 6): Zertifizierter Bio-Wein von deutschen und europäischen Öko-Winzern zeichnet das Sortiment dieses kleinen, aber feinen Fachhandels aus. Für den Fall, dass Du eine dezidierte Fachberatung willst, steht Dir Inhaber Manfred Becker gerne zur Verfügung. www.carpe-vinum.de

Weinkontor Lindenthal (Ecke Dürener Str./Geibelstr. 33): Beispielhaft für einen der vielen weiteren urigen Veedels-Wein-Läden empfehlen wir Dir das Weinkontor Lindenthal. Mit über 20 Jahren Erfahrung ist der Inhaber Hans Spernat eine lokale Größe und sein Geschäft eine extrem beliebte Anlaufstelle im Südwesten Kölns.
www.weinkontor-lindenthal.de

Einfach mal probieren: Weinproben in Köln

Alle aufgeführten Weinhändler (Carpe Vinum ausgenommen) bieten regelmäßige Verkostungen, Seminare oder Weinschulungen an. Termine kannst Du den jeweiligen Homepages entnehmen.

Die schönste Gelegenheit für eine ausführliche Weinprobe ist allerdings die **Kölner Weinwoche**. Jedes Jahr im Frühling werden hier ausgewählte Weine aus Deutschland vorgestellt und können natürlich auch probiert werden. Mitten im Herzen der Altstadt heißt es dann: Schlendern und Schlürfen. www.koelner-weinwoche.de

Ein kleines Alternativprogramm fand im Sommer 2013 erstmalig im Rheinauhafen statt. Neun Tage lang präsentierten Winzer aus Deutschland so erfolgreich ihre Produkte, dass im August 2014 die nächste **Weinwoche im Rheinauhafen** angesetzt wurde.

Du willst es richtig professionell angehen? Dann könntest Du versuchen, Mitglied der **Weinbruderschaft zu Köln** zu werden. Wir wünschen Dir gutes Gelingen bei der Aufnahmeprüfung! www.weinbruderschaft-koeln.de

Weinlokale in Köln: Sitzen und genießen

Es gibt jede Menge Gelegenheiten und Anlässe, ein gutes Glas Wein mit Freunden zu genießen! Umso schöner, dass Köln Dir ebenso viele Möglichkeiten bietet, diese Momente in Deiner Lieblings-Atmosphäre zu zelebrieren. Hier eine Auswahl von urig bis stylish!

Wackes Weinstube (Benesisstr. 59): Rustikal und urgemütlich entführt Dich Wackes Weinstube auf eine köstliche Reise ins französische Elsass-Lothringen. Mitten im Herzen der Altstadt-Nord hast Du hingegen das Gefühl, in einer kleinen Gaststube in der Eifel zu sitzen. Charmant, tolle Weine und feine Gerichte zu akzeptablen Preisen! www.wackes-weinstube.de

Köln endlich endlich Köln
endlich

Haus Scholzen (Venloer Str. 236): Noch einmal urig wird es im Ehrenfelder Haus Scholzen. Seit über 100 Jahren besteht der Familienbetrieb und sieht auch, im positiven Sinne, danach aus. Das Essen wird stets frisch zubereitet und bietet beste Kölner Spezialitäten. Da zum Haus Scholzen darüber hinaus ein renommierter Weinhandel gehört, ist die Auswahl entsprechend gut und vielfältig. www.haus-scholzen.de

Vintage (Agrippinawerft 30): Mit einer unglaublichen Terrasse und einem gelungenen Mix aus modern und gemütlich kannst Du im Vintage eine ausgezeichnete Küche sowie erlesene Weine genießen. Perfekter Rheinblick inklusive! Und falls Du Dich nicht losreißen kannst, geh doch einfach zu einem der angebotenen Weinseminare „Weinfreak I – III". www.vintage-wine.de

ACHT (Spichernstr. 10): Moderne Architektur trifft auf französische Landküche und exquisite Weine. Hier kannst Du den Köchen bei der Arbeit zugucken und das einzigartige Flair der Spichern Höfe mitten im Belgischen Viertel auf Dich wirken lassen.
www.spichern-hoefe.de   www.restaurant-acht.de

Cocktails & Bars

Köln ist groß und Köln ist ein Touristenmagnet vor dem Herrn! Versteht sich von selbst, dass Du hier in einer Nacht theoretisch so viele Cocktailbars abklappern könntest, dass Du nach auch nur einem Drink in jeder Bar, leibhaftig vor ihm stehen würdest! Deswegen präsentieren wir Dir erst mal eine kleine Auswahl cooler Bars und Lounges, die Du auf jeden Fall besuchen solltest.

Rosebud (Heinsbergstr. 20): Im „Kwartier Latäng" reiht sich eine Cocktailbar an die nächste. Aber es gibt eine, die Du in jedem Fall gesehen haben musst: Das Rosebud! Jedes weitere Wort über diesen Inbegriff einer Cocktailbar würde der Wirklichkeit kaum gerecht werden! Hingehen, wohlfühlen und einen hauseigenen Rosebud Cocktail probieren! www.rosebud.de

SHEPHEARD (Rathenauplatz 5): Perfektion von ihrer schönsten Seite findest Du am Rathenauplatz im SHEPHEARD. Angefangen bei der Inneneinrichtung über den Service bis hin zu der fantastischen Auswahl unglaublicher Cocktails stimmt hier einfach alles. Die Drinks werden eher kreiert als gemixt, ausführliche Beratung ist eine Selbstverständlichkeit. Kein Wunder, dass diese Bar Jahr für Jahr mit Preisen und Auszeichnungen glänzen kann. Natürlich haben da auch die Cocktails ihren Preis. www.shepheard.de

ONA MOR (Roonstr. 94): Ebenfalls am Rathenauplatz öffnet das ONA MOR seine stilvollen Räumlichkeiten für Trinkwillige. Du bekommst hier mit Preisen ausgezeichnete Cocktailkreationen, die süchtig machen können. Und wenn Du in die hohe Kunst eines Bartenders eingeführt werden möchtest, kannst Du in der Bartender School des Ona Mor alles Relevante dafür lernen. www.onamor.de

RubinRot (Sömmeringstr. 9): Irgendwie ist das RubinRot in Ehrenfeld anders. Vielleicht, weil es einen eigenen Biergarten hat und trotzdem eine Cocktailbar ist. Vielleicht, weil es von außen erst mal

Köln endlich endlich Köln

endlich

wie eine typische Kölsch-Kneipe aussieht. Auf jeden Fall macht es aber seinem Namen alle Ehre und ist von innen rot, und zwar so richtig! Schön ist, dass Du hier nicht stylish sein musst. Sehen und gesehen werden passiert anderswo. So kann man sich aufs Wesentliche konzentrieren: die herrlichen Cocktailkreationen. www.rubinrotkoeln.de

Dinnerclub (Alteburger Str. 11): Eine hübsche Bar im Herzen der Südstadt, mit angenehmer Atmosphäre, kleiner, aber köstlicher Speisekarte und singenden Kellnern, die ein vielfältiges Repertoire von Chanson bis hin zu Rock und Pop als Zwischengang servieren. www.dinnerclub-cologne.de

Königsblut (Thebäerstr. 8): Gleichzeitig glamourös und abgerockt schimmert es rötlich durch die Nacht und macht seinem Namen alle Ehre. Drinnen kannst Du es Dir auf alten, durchgesessenen Sofas bequem machen, draußen ist im Sommer bis 24.00 Uhr ein kleiner Biergarten geöffnet. Alle Getränke, vom Bier bis zu Longdrinks und Rhabarberschorle, schmecken und für Neuankömmlinge gibt es oft etwas zum Knabbern. Völlig subjektive Cocktail-Empfehlung: Der Watermelon Man! www.koenigsblut.net

Neben der Haltestelle Zülpicher Platz liegt das **Sasan** (Hohenstaufenring 25-27). Täglich ab 17.00 Uhr gibt es hier Cocktails ab 3,90 Euro, für den kleinen und großen Hunger wird auch gekocht. Wichtige Fußballspiele werden auf zwei Leinwänden übertragen, für intensive Gespräche ist der Laden abends ungeeignet – die Musik ist dann extra laut. www.mysasan.com

Läufst Du die Zülpicher weiter runter, versteckt sich zwischen zahlreichen anderen Bars das **Mojitos** (Zülpicher Str. 34). Drinnen ist es eher klein und eng, wenn man aber früh genug da ist und ein Plätzchen erobert hat, ist es sehr gemütlich. Die Cocktailkarte ist facettenreich und wer einen Mojito bestellt, muss das natürlich spezifi-

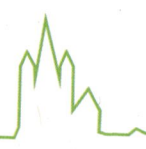

zieren: Classic, Royal, mit Fruchtgeschmack oder vielleicht doch schokoladig ...? www.mojitos-cologne.de

Spätestens wenn Du nirgends mehr einen freien Tisch findest, lohnt es sich bei der **Cubana Bar** (Barbarossaplatz 5) vorbeizuschauen. Cocktails kosten ab 20.00 Uhr nur 4,50 Euro, warme Küche gibt es ebenfalls. www.cubana-koeln.de

Richtung Rudolfplatz liegt das **Sausalitos** (Hohenzollernring 50). Die Bar bietet eine große Getränkeauswahl und Deinen Cocktail kannst Du in zwei Größen bestellen. Dazu gibt es viele (mexikanische) Leckereien, besonders beliebt ist der Combo-Tower. www.sausalitos.de

--> Köln

Gleich nebenan im **Einundfünfzig** (Hohenzollernring 51) schnellt der Style-Faktor dramatisch in die Höhe. Die Bar präsentiert sich auch als Club und Restaurant: Montags und donnerstags kannst Du Livemusik hören und dazu das 3-Gänge-Menü schlemmen, freitags und samstags wird entweder gechillt oder getanzt. Die Getränkepreise haben Upperclass-Niveau, dafür schmeckt es aber auch nach was. www.einundfuenfzig.com

Besonders Studenten und Alternative zieht es nachts ins Belgische Viertel. Ganz zu Beginn liegt **die Wohngemeinschaft** (Richard-Wagner-Str. 39). Die Bar und das dazugehörige Hostel sind im Stile einer echten WG aufgezogen, fiktive Bewohner inklusive: In Jojos Zimmer steht ein alter VW Bulli, in Mai Lis Reich kannst Du Tischtennis spielen und wenn Du müde wirst, bleibt immer noch das Bett von Annabell. Im Hinterraum werden oft Lesungen veranstaltet und Theaterstücke gespielt. www.die-wohngemeinschaft.net

Köln endlich endlich Köln

endlich

Das Hotel Lux (Rathenauplatz 22) entspricht in etwa der Größe einer Hotelbar und präsentiert sich ganz im Glanz des fünfzackigen Sowjet-Sterns. Mittwochs sowie am Wochenende sind Wodka-Tage, „ein halber Meter" kostet dann 10 Euro. Zu später Stunde ist es im Lux brechend voll und eng, die Nächte sind lang und legendär. www.hotellux.de

Auch weniger gut betuchte zieht es ins **de.lite** (Moltkestr. 74). In kleinen runden Sitzgruppen kannst Du hier im 70er-Jahre-Style trinken und tratschen. Die dominierenden Farben sind selbstverständlich orange und lila, die Wände sind mit Plüsch bezogen!

Drei Tipps in aller Kürze

Lotte Haifischbar (Im klapperhof 41) www.lotte-haifischbar.de

Haifisch Club (Im Ferkulum 18-22) www.haifischclub.de

Barracuda Bar (Bismarckstr. 41)

Auch wenn die Namen unserer Tipps etwas anderes Nahe legen: Hier solltest Du kein Wasser trinken!

Wer nicht auf solchen „Hippiekram" steht, geht ins **M20** (Maastricherstr. 20). Die kleine Bar ist leicht zu übersehen und wirkt von außen nicht gerade einladend. Drinnen ändert sich dieser Eindruck schnell, Ledersofas und gute Musik (von Pink Floyd bis Chillout) locken zum Verweilen. Getanzt wird nicht, dazu ist es zu eng. Das Publikum ist gemischt und auch die Ü-30er fühlen sich hier wohl.

Rockiger geht es im **EDP** (Venloer Str. 416) zu. Freunde des Tisch-fußballs fordern sich an zwei Kickertischen heraus, nebenbei wird Dart und Flipper gespielt. Bis mindestens 5.00 Uhr kannst Du hier einen Absacker trinken. www.facebook.com/emdrueggepitter

Bier? Kölsch!

Seit mindestens 800 Jahren wird in Köln Bier gebraut und das nicht zu knapp. In seiner Hochzeit gab es rund 100 Hausbrauereien, deren Produkte aber noch nicht die heutige Bezeichnung für Kölns weltweit bekannte Bierart trugen. Den Begriff „Kölsch" für das obergärige Vollbier prägte die Brauerei „Sünner" erst Anfang des 20. Jahrhunderts. Und seit diesem Tage im Jahre 1918 ist weder der Name noch das Getränk aus dem Alltag der Kölner wegzudenken.

Brauhaus Früh am Dom

Aktuell gibt es um die 30 Kölsch-Sorten, die nur in Köln selbst oder dem Kölner Umland gebraut werden dürfen. Dies besagt die „Kölsch-Konvention" aus dem Jahr 1985, die nicht nur regelt, wie genau ein Kölsch gebraut wird, sondern eben auch weitere Kriterien festlegt, die ein echtes Kölsch erfüllen muss – so eben auch die genaue Herkunft. Die größten Brauereien (rein von der Produkt-onsmenge) sind derzeit **Reissdorf**, **Gaffel** und **Früh**. Daneben gibt es aber eine Vielzahl kleinerer Brauereien, die Du mit der Zeit ken-nenlernen wirst. Alles rund ums Kölsch findest Du hier: www.koelsch-net.de

Köln   endlich   endlich   Köln

endlich

Aber genug der Geschichte, kommen wir zum Wesentlichen! Wo trinkst Du am Schönsten und was musst Du unbedingt wissen, wenn Du Dich in ein kölsches Brauhaus begibst? Eine Sache vorweg: Kölsch ist nicht jedermanns Sache und ketzerische Zungen mögen behaupten, dass Kölsch nicht mal ein richtiges Bier sei. Geschmacksache, einerseits. Andererseits gibt es auch beim Kölsch wirklich große Unterschiede: Die Aussage, dass Du Kölsch nicht magst, würde also nur darüber Auskunft geben, dass Du einfach noch nicht genügend Sorten probiert hast ...

Kölsch-Regeln §§

Wenn Du in ein Kölner Brauhaus gehst, gibt es einige Dinge, die Du vorher wissen solltest:

Punkt 1: Nein, Dir wird keine kleine Bierprobe in einem Reagenzglas serviert. Kölsch kommt traditionell in sehr dünnen, schlanken 0,2-Gläsern, der so genannten „Stange".

Gaffel am Dom

Punkt 2: Der Kellner wird „Köbes" genannt! Die Verwendung des Begriffs „Kellner" oder „Herr Ober" könnte zu einem dummen Spruch desselbigen führen.

Punkt 3: Ein „Pittermännchen" ist nicht mit den Heinzelmännchen verwandt, sondern ein 10-Liter-Fass, das in einigen Brauhäusern zum Selberzapfen an den Tisch bestellt werden kann.

Prost

Punkt 4: Kölsch kannst Du nicht allzu lange stehen lassen, da es relativ schnell seinen Geschmack verliert und schal wird. Zügig trinken heißt die Devise.

Noch mehr Brauhaus-Tipps?

„Besuch? ... Tourikram", S. 182

Punkt 5: Wenn Du Dein Kölschglas geleert hast, kommt schneller ein Neues als Du „Hicks" sagen kannst. Brauchst Du eine Pause, Bierdeckel drauf oder Rechnung bestellen!

Bierbrauereien und Brauhäuser

Da Du die großen Brauhäuser in der Altstadt wie das **Früh**, das **Gaffel am Dom** oder das **Brauhaus Sion** ganz schnell von alleine finden wirst, haben wir Dir eine kleine Auswahl herausragender Alternativen zusammengestellt.

Brauhaus Früh

Braustelle (Christianstr. 2): Eine der kleinsten Brauereien der Stadt findest Du in Ehrenfeld. Lecker und stadtbekannt ist nicht nur das selbst gebraute Helios, sondern auch die wechselnden Spezialbiere, wie beispielsweise Dinkelbier oder Wacholder-Honig-Bier. Wenn Du der Braustelle einen Besuch abstattest, probier unbedingt auch das Biergulasch. www.braustelle.com

Malzmühle (Heumarkt 6): Mühlenkölsch hat in den letzten Jahren stetig an Beliebtheit gewonnen und gehört auf jeden Fall zum Pflichtprogramm der zu testenden Kölsch-Sorten. Mühlenkölsch bekommst Du zwar auch an jedem Kölner Kiosk, aber richtig urig genießt Du es in der Malzmühle selbst. Achtung: Die Brauerei unterhält ein weiteres Brauhaus in Köln-Puhlheim, das ziemlich außerhalb liegt. www.muehlenkoelsch.de

Sünner Keller (Kalker Hauptstr. 260): Sünner ist die älteste heute noch produzierende Brauerei Kölns und war die Erste, die mit dem Namenszusatz „echt Kölsch" geworben hat. Im Sünner-Keller, der direkt unterhalb des Industriedenkmalbaus der Brauerei liegt, spürst Du den Charme alter Brauereizeiten, aber selbstverständlich

Köln endlich endlich Köln

endlich

endlos schick renoviert. Im Sommer heißt es: Raus aus dem Keller und ab in den Brauereibiergarten! www.sünner-keller.de

Schreckenskammer (Ursulagartenstr. 11-15): Was klingt wie eine Schöpfung hipper Namensdesigner, blickt in Wahrheit auf eine über 500-jährige Brauerrei-Historie zurück. Das dazugehörige Brauhaus inklusive niedlichem Biergarten ist ein kleiner Geheimtipp, mit dem Du als Neuköllner bei Besuch von außerhalb gut punkten kannst. www.schreckenskammer-koelsch.de

Viele Alteingesessene behaupten, im **Päffgen** (Friesenstr. 64) wird das leckerste Kölsch der Stadt gezapft. Der große, urige Gastraum ist oft voll besetzt, aber auch die anderen, kleineren Räume sind sehr beliebt. Aber wenn es drinnen voll ist, macht das nichts, denn auch im Winter kann der Biergarten genutzt werden, dann natürlich

Sünner Keller

umfunktioniert und mollig warm. Mit dem Innenraum ist es ähnlich: Das große Glasdach wird geöffnet, wenn die Sonne scheint. www.paeffgen-koelsch.de

Das Hellers Brauhaus (Roonstr. 33) liegt im Kwartier Latäng und ist oft fest in studentischer Hand. Die strategisch ohnehin günstige Lage wird durch die direkte Nachbarschaft zur Roonburg nur noch optimiert. Den unterirdischen Durchgang dürfen allerdings leider nur Befugte benutzen. Die Besonderheit: Im Hellers wird Bio-Bier gebraut und auch im Brauhaus selbst gibt es eine grüne Pflanzen-Meile. Vorbeikommen und probieren lohnt sich allemal! www.hellers-brauhaus.de

Die besten Biergärten

In der Kürze liegt die Würze und deswegen kommen hier die Adressen für die besten Biergärten Kölns.

Stadtgarten (Venloer Str. 40): Im Winter einer der schönsten Weihnachtsmärkte, im Sommer einer der beliebtesten Orte zum Biertrinken. Mitten in der City und trotzdem im Grünen.
www.stadtgarten.de

HELLERS Volksgarten (Volksgartenstr. 27): Ebenfalls im Grünen, aber mitten in der Neustadt-Süd, liegt der Volksgarten mit dem dazugehörigen Biergarten der HELLERS Brauerei. Mit über 650 Sitzplätzen bietet er ein Fleckchen für viele kölschdurstige Sonnenanbeter. www.hellers-brauhaus.de

Herbrand's (Herbrandstr. 21): In einer Seitenstraße der Venloerstraße in Ehrenfeld wartet das Herbrand's wie eine sommerfrische Offenbarung. Das großes Bistro besitzt einen herrlichen Biergarten, wo Du es an Sommerabenden stundenlang aushalten wirst.
www.herbrands.de

Rathenauplatz (Rathenauplatz 30): Von Mai bis September sitzt Du hier direkt neben der Ausgehmeile des Kwartier Latängs in einem wunderschönen Biergarten mit über 300 Plätzen. Und wie im Volksgarten bekommst Du hier Hellers Kölsch ausgeschenkt.

Aachener Weiher (Richard-Wagner-Str. 51): Der Aachener Weiher ist nicht nur eine der bestbesuchten Sommerwiesen zum Grillen und Chillen, sondern hat mit knapp 1000 Plätzen auch einen der größten Biergärten der Kölner Innenstadt.
www.biergarten-aachenerweiher.de

Den kompletten Überblick über alle Biergärten findest Du übrigens hier: www.biergartenkoeln.de

Köln endlich endlich Köln

endlich

Direkt um die Ecke: die Veedelskneipen

Der Begriff Kneipenkultur stammt definitiv aus Köln (auch wenn diese Behauptung wissenschaftlich auf eher wackeligen Füßen steht): In Köln gibt es unendlich viele Kneipen und gerade in den zentral gelegenen Veedeln findest Du eine sprichwörtlich an jeder Ecke. Einen hervorragenden und umfassenden Überblick gibt Dir die Website: www.kneipen-in-koeln.de

Weißt Du gar nicht, wo Du anfangen sollst, dann probiere es doch einfach mal hier:

Die hängenden Gärten (Vogelsangerstr Str. 140) in Ehrenfeld sind kein Schrebergartenverein, sondern eine schlauchartige, gemütliche Bar, wo die Blumen von der Decke hängen. Neben dem Kölsch finden (Flaschen-)Biertrinker hier eine genüssliche Auswahl, von Astra bis Tannenzäpfle

und Augustiner (Karte wechselt!). Alle anderen machen es sich mit einer Limo auf den alten Sesseln neben Omas Stehlampe bequem. www.haengendegaerten.de

Im **Zum Goldenen Schuss** im Belgischen Viertel (Antwerpener Str. 38) trifft sich die alternative Szene gern zum Fußballschauen. In der lässig-rustikalen Atmosphäre kommt immer Stimmung auf. Wenn Du für das runde Leder nichts übrig hast, lohnt es sich an einem spielfreien Tag auf ein Kölsch vorbeizukommen, dann besteht auch die Chance auf einen Sitzplatz.
www.facebook.com/zumgoldenenschuss

Veedelskneipen kurz notiert:

Belgisches Viertel:
Sixpack (Aachener Str. 33)

Nippes:
kuen (kuenstr. 9)
www.kuenkneipe.de

Sülz:
Haus Unkelbach (Luxemburger Str. 260)
www.hausunkelbach.de

Neustadt-Süd:
Blue Shell (Luxemburger Str. 32)
www.blue-shell.de

kuen

- - - Selbst-Anzeige - - -

Du kennst auch Leute in anderen Städten, die gerne Bier trinken?

Für Deine Freunde in kassel, Mainz, Heidelberg, Leipzig, Bonn, kiel, Hannover ...

Im Buchhandel oder unter www.rap-verlag.de

Köln   endlich   endlich   Köln

endlich

Grillen

Biergarten

Biergarten

Badesee

Badesee

Badesee

Eis

Grillen

Sommer!

Es ist
Sommer!

Sommer! *endlich*

Kicken

Kicken

Grillen. Grillen

Badesee Grillen
Badesee Grillen Grille
Biergarten
Biergarten *endlich*

Biergarten *endlich*

Grillen
Sonne
Baden
Eis
Kicken

Sommer, Sonne, Sonnenschein! Die Tage sind lang, die Temperaturen hoch und Du bist voller Tatendrang, die Stadt und ihr Umland zu erobern. Dann nix wie los und rein ins Vergnügen! Wir zeigen Dir, wo Du am schönsten plantschst, richtig aktiv sein kannst, am besten chillst, und völlig ohne Probleme draußen grillst!

Eisdielen

Eis essen geht immer! Aber nicht immer richtig gut. Darum vertrau uns einfach und lass Dich von uns zu den besten Eisdielen der Stadt führen.

Das **Eiscafé Cortina** (Hohenstaufenring 22) gehört zu den größten Eisdielen der Kölner Innenstadt. Mit Platz für über 100 Gäste kannst Du hier direkt am Zülpicher Platz dem munteren Großstadtgewusel

zugucken und Dir dabei täglich von 9.00 bis 23.00 Uhr knapp 30 fantastische Eissorten aus eigener, traditioneller Herstellung schmecken lassen. Der Espresso ist hier übrigens besonders lecker! Das Ambiente des Cafés selbst kommt so lala rüber, aber die Qualität punktet dafür doppelt.

Mitten am Rudolfplatz und somit im Herzen der Innenstadt, findest Du das **Eiscafé Breda** (Pfeilstr. 8). Zwar gehört der Laden mit 1 Euro pro Kugel nicht zu den billigsten Eisdielen, aber Qualität hat eben ihren Preis. Und auch die bekommst Du zur zentralen Lage und nach langem Schlangestehen gleich mit obendrauf! Probier mal

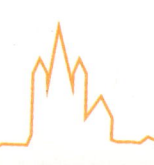

Wiener Mandel-Eis oder die Erdbeertüte mit Schoko! Und der Kaffee ist auch köstlich …

Ein echtes Design-Studio in Sachen Eisdiele ist das **Eiscafé Liliana** (Subbelrather Str. 266) in Neuehrenfeld. Nicht nur die Inneneinrichtung ist mit ihrem 50/60er-Jahre-Charme ein echtes Highlight, sondern auch die eigenen Eiskreationen wie das Mozart-Kugel- oder Snickers-Eis.

Das **Eis-Engeln** (Cranachstr. 22) in Nippes ist eine 1953 gegründete Kölner Institution, die Dir 14 leckere Eissorten aus eigener Herstellung nach Familienrezept bietet. Hier findest Du keine experimentellen Kreationen, aber solide Hausmannskost in Sachen Eiscreme. Probier mal Vanilleeis mit roter Grütze, einen der vielen Milchshakes oder Eissplittertorte! www.eis-engeln.de

Eis ohne Schnickschnack

Nicht wirklich vom Bauernhof, aber dennoch nur mit natürlichen Rohstoffen hergestellt, bieten Dir die folgenden Kölner Eisdielen ein exklusives Schlemmer-Erlebnis. Hier kannst Du genießen, ohne irgendwelche Gedanken an künstliche Aromen oder Farbstoffe zu verschwenden. Genuss pur im wahrsten Sinne des Wortes!

Im Herzen des Vrings-Veedels (Altstadt-Süd) findest Du die **Eisdiele Gea** (Severinstr. 124). Existiert zwar erst seit Juni 2012, gehört

Sonne **Grillen** Baden

Eis

Kicken

aber auf jeden Fall zu den beliebtesten Eisdielen der Stadt. Kein Wunder, denn trotz aller Kreativität bei den Eissorten (z.B. Erdbeer-Balsamico, Schokolade-Ingwer oder Gorgonzola) werden nur biologische und natürliche Zutaten verwendet! Auch für Veganer gibt es hier eine Auswahl origineller und phänomenaler Sorten.

Ebenso kreativ, aus eigener Herstellung und mit natürlichen Zutaten aus ökologischem Anbau sind die Eissorten von **Il Gelato** (Goltsteinstr. 2) im Stadtteil Bayenthal. Hier locken laktosefreie Sorbets und probiotisches Joghurteis. Der Weg von der Innenstadt hierhin ist zwar etwas weiter und der Preis von 1,20 Euro pro Kugel lässt auch kurz den Geldbeutel gefrieren, lohnt sich aber! Auch hier stehen die Menschen Schlange, um in diesen Hochgenuss perfekter Eisherstellung zu kommen. www.ilgelato.de

Das **Eiscafé Van der Put** (Höninger Platz 3, Rodenkirchener Str. 79, Volksgartenstr. 2) blickt auf über 60 Jahre Familientradition und unzählige, glückselige Eisesser zurück. Premium-Natureiscreme, die einfach ein pures Vergnügen ist. Ausgefallene Sorten findest Du hier kaum, dafür sind die Klassiker ein wirklich feines Sommer-Gedicht. Wie wäre es mit Pinien-Mandel-Krokant? Oder bestell Dir eine Eistorte, die dann - kein Witz! - per Taxi kommt ... Auch der mobile Eiswagen besucht Dich und Deine Party! www.vanderput.de

Eine leckere Eis-Alternative bekommst Du mit dem Foxberry Frozen Yogurt in mittlerweile zwei Kölner Filialen. Sowohl das **Foxberry** in der Innenstadt (Kettengasse 4) als auch der Shop im Belgischen Viertel (Aachener Str. 20) sind superstylishe Läden, die im Sommer echte Publikumsmagneten darstellen. Als Alternative zur herkömmlichen Eiscreme enthält der Foxberry Frozen Yogurt keinerlei Fett und viel weniger Zucker. Als Topping kannst Du aus frischem Obst, fruchtigen Soßen oder knusprigem Müsli wählen. Außerdem gibt es eine grandiose Auswahl an Smoothies, Juices und bestem Kölner VanDyck-Kaffee www.foxberry.de

Baden

Freibäder

Sommerzeit ist Badezeit! Und auch wenn Köln nicht am Meer liegt, gibt es jede Menge Möglichkeiten, Dich in die Fluten der Kölner Freibäder und Badeanstalten zu stürzen. Von klein aber oho bis hin zum riesigen Wasserfreilaufgehege findest Du in Köln und Umland alles, was Du für einen Sommer in der Rheinmetropole brauchst.

Der Stadtteil Chorweiler ist nicht der Nabel der Welt, lockt aber mit dem **Aqualand** (Merianstr. 1). Hier kannst Du sowohl im Winter als auch im Sommer die tolle Poollandschaft nebst Außenbereich erkunden. Und wenn Du Bock auf Rutschen hast, geht auch das in Köln nirgendwo so gut wie hier.

Selbst eine Looping-Rutsche mit 10 m freiem Fall steht vor Ort bereit. Da die Grasfläche im Außenbereich nicht allzu riesig ist, empfiehlt es sich, an heißen Tagen nicht allzu spät zu kommen. Neben verschiedenen Saunaangeboten, Whirlpools und Meersalzgrotte gibt's im Gastrobereich alles, um hier ohne Probleme einen ganzen Sommertag gemütlich vorbeiziehen zu lassen. Da das Aqualand nicht zu den städtischen Schwimmbädern gehört, kannst Du bei den Eintrittspreisen von 17,90 Euro für eine Erwachsenen-Tageskarte ohne Saunalandschaft allerdings auch schon mal feuchte Augen bekommen.
www.aqualand.de

Grillen

Sonne

Baden

Eis

Kicken

Ziemlich gut, aber leider im Sommer auch echt überlaufen ist das **Stadionbad** (Olympiaweg 20) neben dem RheinEnergieStadion. Das liegt vor allem am Eintrittspreis, der mit 5 Euro pro Tag extrem günstig ist und für den Du hier alles bekommst, was einen Tag im Freibad perfekt macht. Rutschen, Strömungskanal, 50-Meter-Sportbecken und separates Sprungbecken mit 1- und 3-Meter-Sprungbrett sowie 5-, 7,50- und 10-Meter-Plattform. www.koelnbaeder.de
--> Unsere Bäder --> Kontaktdaten Bäder --> Stadionbad

Das Zollstock-Bad (Raderthalgürtel 8-10) wurde von 2009 bis 2011 komplett saniert und erstrahlt seitdem in schönstem Retro-Charme, behauptet das Bad jedenfalls von sich selbst. Ob das wirklich so ist, kannst Du ja einmal prüfen. Fakt ist, dass ebenfalls ausreichend Liegefläche im Außenbereich vorhanden ist. Hier kannst Du nach Herzenslust plantschen, die Beachvolleyballanlage nutzen und für den herzhaften Genuss zwischendurch einen der vorhandenen Grillplätze befeuern. Da das Zollstock-Bad zur städtischen Kölnbäder-Vereinigung gehört, zahlst Du auch hier lediglich 5 Euro pro Tag. www.koelnbaeder.de --> Unsere Bäder --> Kontaktdaten Bä --> Zollstockbad

Eine absolute Wellnessoase mit Sonnenterrassen und Liegewiesen ist die **Claudius Therme** (Sachsenbergstr. 1) im Kölner Rheinpark. Alles, was Du Dir an Saunen, Wellnesangeboten und Heilwasserbadebecken vorstellen kannst, findest Du hier in direkter Nähe zum Rhein. Die Claudius Therme ist allerdings kaum für Action geeignet. Hier heißt es chillen und erholen, bis es kein Morgen mehr gibt! Leider hat auch das alles seinen Preis: 2-Stunden-Karte ab 15 Euro, Tageskarte ab 29,50 Euro! www.claudius-therme.de

Erst 2009 eröffnet und damit praktisch noch niegelnagelneu ist das
Ossendorfbad (Äußere Kanalstr. 191) im gleichnamigen Stadtteil.
Von innen ziemlich unspektakulär, zeigt es sich mit seinem großen
Außenbereich aber gerade im Sommer als eine nette Alternative,
wenn Du einfach gemütlich in der Sonne liegen und ab und an mal
ins Wasser hüpfen willst. www.koelnbaeder.de

--> Unsere Bäder --> Kontaktdaten Bäder --> Ossendorfbad

Ein Stückchen außerhalb von Köln befindet sich das benachbarte
Örtchen Hürth mit dem Familienbad **De Bütt** (Sudetenstr. 91). Ähnlich dem Ossendorfbad ist das De Bütt von innen kein herausragen-
des Bad, hat aber eine extrem große Außenwiese, wo es sich ganz
passabel entspannen lässt. Mit 5,30 Euro für drei Stunden zahlst Du
als Erwachsener auch einen angemessenen Preis für das, was Du
hier geboten bekommst. Obacht! Am Wochenende ist hier Kinder-
und Familienalarm! www.familienbad.com

„De Bütt" ist übrigens kölsch für „Wanne"!

Der Rhein
s. Kapitel „Sprachregeln", S. 254

Oh, wie verlockend wäre es, einfach in den Rhein zu springen und
sich hier die richtige Dosis Abkühlung zu verschaffen! Allerdings
sollte das in Köln gut überlegt sein, denn es gibt kaum Stellen, die
dies gefahrlos zulassen. Zwar ist es nicht überall ausdrücklich verboten, allerdings rät die Stadt Köln aufgrund der Unfälle, die immer
wieder auch Menschenleben kosten, von einem Bad im Rhein ab.

Wenn Du dennoch einen Versuch wagen willst, empfehlen wir Dir
die Strandbuchten am Rodenkirchener Ufer. Durch ins Wasser
ragende Steinbegrenzungen halten sich Strudel und Strömung hier
einigermaßen in Grenzen, sodass zumindest eine kleine Abkühlung
in Ufernähe möglich ist. Aber auch an dieser Stelle der Hinweis,
dass Du nur in Sicherheit bist, solange Deine Füße den Boden
berühren. Der Rhein in Köln ist einfach nicht zum Schwimmen
geeignet!

Köln   endlich   endlich   Köln
                        endlich

Sonne **Grillen** **Baden**
Eis
Kicken

Badeseen vor Ort

Der **Fühlinger See** ist die größte Bade- und Wassersportanla-
ge, die Köln zu bieten hat.
Inmitten eines 84 ha großen
Naturschutzgebietes im Kölner
Norden verteilen sich sieben
separate und durchnummerier-
te See-Abschnitte, wo jede
Wasserratte voll auf ihre Kosten
kommt. Hinein ins kühle Nass!

Hier kannst Du angeln, surfen, tauchen, Boot oder Kajak fahren.
Darüber hinaus finden auf der 2,3 km langen Regattabahn regelmäßige Wettbewerbe statt. Die Wasserqualität ist in allen See-
Abschnitten megagut und wird regelmäßigen Kontrollen unterzogen. Schönstes und bedenkenloses Schwimmvergnügen ist also
garantiert. www.fuehlinger-see-koeln.de

Und was wäre so eine Seeanlage ohne Beachclub? Richtig, und
genau deswegen findest Du hier den **Blackfoot Beach** (Stallagsbergweg 1), wirklich einen der besten Beachclubs der Umgebung.
Feiner Sandstrand, Palmen und chillige Pavillons erwarten Dich an
heißen Sommertagen. Das klingt nach Urlaub, oder? Falls Dir der
Sinn weder nach Wassersport noch danach steht, faul in der Sonne
zu fläzen, kannst Du Dich auf den Beachvolleyball- oder Beachsoc-
cerfeldern nach Herzenslust austoben.

Dabei lässt sich außerdem ganz nebenbei die eine oder andere
Bekanntschaft machen. Denn hier wird gebolzt und gebalzt, was
das Zeug hält. Weitere Pluspunkte sind der große Autoparkplatz mit
Stellfläche für über 3500 Vierräder sowie die Eintrittsgebühren.
Hier musst Du nur im Blackfood Beach 4 Euro Eintritt blechen,

ansonsten kostet Dich der Besuch des Fühlinger Sees nix. Ach ja, wenn Du Interesse am Tauchen hast, kannst Du hier Kurse besuchen und/oder Ausrüstungen leihen. Surfer hingegen müssen ihre Boards und Neoprenanzüge mitbringen. www.blackfoot-beach.de

Einen klitzekleinen Hauch von Südsee findest Du am **Sundown Beach**, der Einheimischen aber besser als **Escher See** (Am Baggerfeld 4) bekannt ist. Längst nicht so groß wie das Gebiet des Fühlinger Sees, aber mit perfektem weißem Sandstrand und allem Schnickschnack, den Du von einem Beachclub erwarten kannst.

Wenn gerade mal kein DJ auflegt, dudelt fantastische Lounge-Musik vor sich hin und Du kannst auf balinesischen Betten die Sonne in all ihrer Pracht genießen. Das Bistro-Angebot ist echt lecker und vor allem die frischen Salate sind wirklich fein. Mit 4 Euro Eintritt ist der Preis mehr als in Ordnung. Nachteil ist allerdings, dass keine Speisen und Getränke mitgebracht werden dürfen (Versorgung für Kleinkinder ausgenommen!) und dass der Escher See mit den öffentlichen Verkehrsmitteln nur bedingt gut zu erreichen ist. Lohnt sich aber trotzdem! www.sundownbeach.de

Der Otto-Maigler-See (Schnellermaarstr./Ecke Zur Gotteshülfe, Hürth) ist ein weiterer Badesee mit Beachclub. Genau genommen gehört er zur benachbarten Ortschaft Hürth im Kölner Nord-Westen. Das Wasser hat eine ausgezeichnete Qualität und auch sonst gibt es keine Minuspunkte. Liegewiese und Strandflächen sind groß, das Gastro-Angebot in Ordnung – hier kannst Du eigenes Essen und eigene Getränke mitbringen. Der Eintritt kostet vier Euro und ist absolut fair.

An den Otto-Maigler-See kommen auch gerne viele Familien mit Kleinkindern. Aber Du hast dennoch genügend erwachsene Adressaten für die Präsentation Deines durchtrainierten Körpers! www.otto-maigler-see.de

Hier finden auch immer mal wieder Abend-Events wie die „kölsche Nacht" oder After-Job-Partys statt!

Etwas weniger „in", dafür aber grundsolide ist das **Naturfreibad Vingst** (Vingster Ring, Höhe Fußgängerbrücke) im Kölner Osten. Der Baggersee hat zwar keinen Beachclub, aber ansonsten alles, was an einem heißen Sommertag in Köln gut tut: Exzellente Wasserqualität, feiner Sandstrand und großflächige Liegewiesen. www.naturbad-vingst.de

Baggerseen in der Umgebung

Wenn Du ein Auto Dein eigen nennst oder auch eine Fahrradtour von mehr als 90 Minuten nicht scheust, findest Du im Kölner Umland weitere Seen, an denen sich herrlich die Sommersonne genießen lässt.

Allen voran ist da natürlich der wunderschöne **Bleibtreu-See** (Bleibtreuseeweg 1) in Brühl. Er ist naturbelassen und somit wirklich ein richtiges kleines Paradies im Grünen. Es gibt eine Wasserskianlage sowie ein kleines Strandbad mit Toilette und Kiosk. Der Eintritt ist frei, der Hinweg beträgt mit dem Fahrrad allerdings ca. 18 km vom Kölner Stadtzentrum aus. www.wasserski-bleibtreusee.de

Ebenfalls in Brühl liegt der 35 ha große **Heider Bergsee** (Heider Bergsee). Um hierher fahren zu wollen, müsstest Du aber schon ein echter Naturliebhaber sein, der sich nach mehr als Ruhe und Entspannung in der Sonne sehnt. Als Ornithologe oder Braunkohleseen-Interessierter ist es bestimmt spitze hier, ansonsten vielleicht

doch eher nur einen Ausflug wert, wenn Du als Pärchen mal ganz ungestört am Busen der Natur sein willst. Kann ja aber auch mal ganz nett sein! www.heiderbergsee.de

Von Köln dann aber tatsächlich nur noch mit fahrbarem Untersatz gut zu erreichen ist der **Straberger/Nievenheimer See** in Dormagen. Vom Kölner Zentrum ca. 30 km entfernt, bietet er mit 12 ha schönen Sandstrand und jede Menge Liegefläche auf gepflegten Wiesen. Darüber hinaus ist der See bei Wakeboardern und Stand-Up-Paddlern außerordentlich beliebt. Bei Wakebeach (Am Straberger See, 41542 Dormagen) kannst Du Wasserski-Kurse buchen und findest auch sonst alles, was Dein Wasserski-Herz begehrt! www.wakebeach.de

Spiel & Spaß

Sommerzeit ist nicht nur Zeit zum Faulenzen! Sport im Freien und sich unter der prallen Sommersonne bewegen entspannt genauso.

Spätestens nach getaner körperlicher Ertüchtigung weißt Du abends, was Du tagsüber getan hast und kannst den lauen Sommerabend umso mehr genießen. Hier kommen ein paar Tipps, wo Du Deinen Körper am Besten in Wallung bringen kannst.

Beachvolleyball

Du machst auch ohne viel Bekleidung eine gute Figur und bewegst Dich barfüßig wie ein junger Hüpfer im Sand? Dann kannst Du hier zeigen, was Du beim Beachvolleyball drauf hast:

Zwei Felder sind direkt am südlichen Ende des Rheinauhafens aufgebaut. Hier am **Südkai** kannst Du auf herrlichem Sand selber spielen oder bei einem der vielen Profi-Turniere zugucken, die hier ebenfalls stattfinden.

Köln   endlich   endlich   Köln

endlich

Der **Beachpark Cologne** (Freimersdorfer Weg 4) im Stadtteil Bocklemünd ist mit sechs Feldern und feinstem Quarzsand ein beliebter Platz. Die Saison dauert in der Regel von April bis Ende September und das Ambiente lässt keine Wünsche offen. Ein paar Runden spielen und anschließend in der mediterranen Beachbar richtig verwöhnen lassen ...
www.beachpark-cologne.de

Diese Beachclubs und Freibäder aus dem „Baden"-Kapitel haben Beachvolleyballfelder:

Müngelsdorfer Stadionbad, Zollstockbad: www.koelnbaeder.de

Sundownbeach/Escher See: www.sundownbeach.de

Fühlinger See: www.fuehlinger-see-koeln.de

Otto-Maigler-See: www.otto-maigler-see.de

Straberger/Nievenheimer See

Die Playa (Junkersdorferstr. 1) ist, wie das Müngersdorfer Stadionbad, ebenfalls direkt neben dem RheinEnergieStadion angesiedelt und gehört mit fünf Outdoorfeldern von April bis Ende September zu den größeren Anlagen Kölns. Hier finden mitunter auch coole Konzerte, Partys und andere lohnenswerte Veranstaltungen statt.
www.playa.de

Zur **Gesamtschule Holweide** (Burgwiesenstr. 125) gehört ein Platz mit sechs Feldern, die aber im Grunde jederzeit auch von Nichtschulangehörigen genutzt werden können. Hier gilt es allerdings, sich im Vorfeld genau über die Bedingungen zu informieren sowie rechtzeitig eine Anfrage zu stellen. Infos hierzu findest Du unter:
www.igs-holweide.de

In der **Soccerarena Hürth** (Winterstr., Hürth) kannst Du nicht nur Kicken, sondern auch auf sechs Outdoorplätzen Beachvolleyball spielen. Mit 22 Euro pro Stunde ist das Vergnügen nicht ganz günstig, die Plätze sind aber recht ordentlich.
www.soccerarena-huerth.de

Kicken

Der Deutschen liebster Sport ist natürlich auch in Köln zuhause!
Mit zwei Stadien und deren jeweiligen Vereinen (im RheinEnergie-
Stadion spielt der 1. FC Köln und im Südstadion der SC Fortuna
Köln) hat die Stadt bereits jede Menge geschichtsträchtigen Fußball zu bieten! Nicht immer und in jedem Fall erstklassig, aber Fußball, der durchaus ernst zu nehmen ist – zumindest, wenn Fußball
für Dich eine ernste Sache ist.

Neben diesen beiden „großen" Fußballclubs gibt es darüber hinaus
32 weitere Kölner Vereine, die diesen Sport zu ihrem Nonplusultra
auserkoren haben. Wenn Du regelmäßig kicken willst, bist Du je
nach Wohnviertel hier schon mal ganz gut aufgehoben.

Eine Liste dieser Ballbesessenen findest Du
unter: http://fussball.de-vereine.de --> Köln

Eine weitere Möglichkeit bietet die **Bunte Liga**. Sie ist ein Sammelsurium von mittlerweile 44 Kölner Hobbymannschaften, die Spaß
am Fußball haben und ihre eigene kleine Wettbewerbsliga zelebrieren – also richtig aktiv mit Sportschuhen an und laufen und allem,

was dazu gehört! Kein virtueller Tresen-
fußball! Darüber hinaus kannst Du aber
auch schlichtweg nach Lust und Laune
kicken, einfach weil es Dir Spaß macht.
Ganz ohne Vereinskasse und dem ganzen
Tralala, das damit einhergehen kann.
www.bunteligakoeln.de

Für den Fall, dass Du einfach nach
schönen Wiesen, Parks oder anderen
Kickplätzen Ausschau halten möchtest,
haben wir selbstverständlich auch eine
passende Auswahl parat:

Beachsoccer

Wenn Du auf Beachsoccer
stehst, guck einfach im
Unterkapitel „Beachvol-
leyball" nach. Auf den
Anlagen, die Beachvolley-
ball anbieten, kannst Du
in der Regel auch Beach-
soccer spielen.

Sonne **Grillen** **Baden** **Eis** **Kicken**

Die Jahnwiesen liegen direkt hinter der Südtribüne des RheinEnergieStadions. Die sieben Rasenplätze unterliegen der Verwaltung der Sporthochschule Köln, können aber nach Absprache auch von Hobbykickern genutzt werden.

Im Süden, auf der rechten Rheinseite, findest Du die **Poller Wiesen**. Ein riesiges Areal direkt am Rhein, das allerdings nicht nur bei Hobbyfußballern, sondern auch zum Sonnenbaden und Grillen äußerst beliebt ist. Das stellt aber keinesfalls einen Nachteil dar, da die Poller Wiesen so riesig sind, dass hier Platz für alle ist.

Ebenfalls ein echtes Paradies ist der **Innere Grüngürtel**. Auf einer Länge von über 3 km erstreckt sich dieses schöne Areal vom Kölner Norden bis zur Luxemburgerstraße. Zentral gelegen, zählt der Grüngürtel somit ebenfalls zu den beliebtesten Wild-Bolzplätzen der ganzen Stadt. Leider wird der Rasen nicht allzu häufig gemäht, was das Spielen manchmal richtig anstrengend machen kann.

Besser gemäht und auch mit weniger Unebenheiten versehen ist der rechtsrheinische **Rheinpark** in Köln-Deutz. Zwischen der Zoobrücke und der Deutzer Brücke bietet der Rheinpark genügend Auslauf auf einer beeindruckenden Fläche von knapp fünf regulären Fußballfeldern.

Einen der ungewöhnlichsten Plätze, den Köln zu bieten hat, findest Du auf dem Dach des **Deutschen Sport- und Olympiamuseums** im Kölner Rheinauhafen, direkt an der Severinsbrücke. Auf 18 mal 40 m Kunstrasen kann hier nach Herzenslust gekickt werden. Voraussetzung ist aber, dass Du Besucher des Sportmuseums bist und Dich in Geduld übst. Die Wartezeit kann manchmal schier endlos sein.

Es muss ja aber nicht immer Grün sein. Über 20 „Käfige", sechs Soccerhallen und jede Menge weiterer Bolzplätze stehen Dir in Köln zur Verfügung. Die beste Übersicht im Internet findest Du unter: www.kickeninkoeln.de

Klettergarten

Natürlich gibt es in Köln aber nicht nur den beliebten Ballsport, um sich gehörig zum Affen zu machen. Das klappt mindestens genauso gut im Klettergarten! Also ab in die luftigen Höhen Kölns!

Der **Blackfoot Hochseilgarten** (Stallagsbergweg 1) liegt mitten im Kölner Landschaftsschutzgebiet des Fühlinger Sees. Sieben Parcours, die zwischen 4 und 15 m hoch liegen und für Anfänger und erfahrene Kletteräffchen abwechslungsreiche und spannende Strecken bieten. 75 Kletterelemente, die zum Teil über Wasser führen, sorgen für den richtigen Nervenkitzel.
www.blackfoot-hochseilgarten.de

Etwas außerhalb Kölns findest Du den **Kletterwald Schwindelfrei** in Brühl (Liblarer Str. 183). Neun Parcours mit einer maximalen Höhe von bis zu 20 m erwarten Dich mitten in schönster Natur. Auch in diesem Klettergarten ist sowohl für Einsteiger als auch für Profis die richtige Kletterstrecke dabei.
www.schwindelfrei-bruehl.de

Köln   endlich   endlich   Köln   endlich

Sonne **Grillen** Baden

Eis

Kicken

Klettern unter freiem Himmel

Wer es etwas urbaner mag, hat in Köln aber auch weitere Möglichkeiten, sein Können als Kletterer unter Beweis zu stellen.

So ist es nach Anmeldung beim **Deutschen Alpenverein**, Sektion Rheinland/Köln, zum Beispiel möglich, festgelegte Routen an der Kölner Hohenzollernbrücke zu erklimmen. Über 70 Touren können hier mitten im Herzen der Innenstadt kostenlos absolviert werden. Genauere Infos findest Du unter: www.dav-koeln.de

--> Angebotsübersicht --> klettern

Eine weitere Kölner Brücke mit Kletterangebot ist die **Mülheimer Brücke** im Norden der Stadt. Am zweiten Brückenpfeiler auf der linken Rheinseite (Stadtteil Rhiel/Niederländer Ufer) können senkrechte Routen absolviert werden.

Friedenspark. Hier in der Kölner Altstadt-Süd liegt das „Fort I", eine alte Befestigungsanlage, deren Ost- und Westseitenwände ca. 30 Routen in den Schwierigkeitsgraden V bis IX hergeben.

Minigolf

Es gibt Sommeraktivitäten, die haben regelrecht meditativen Charakter und Minigolf gehört auf jeden Fall auch dazu. Solltest Du also mal Lust haben, den Schläger zu schwingen, geht das an folgenden Plätzen besonders gut:

Minigolf Müngersdorf (Aachener Str. 703): Zwischen dem Stadtwald und der Aachener Straße liegt die nette, ruhige, schattige Anlage im Kölner Westen. Sie ist gut mit der Bahnlinie 1 zu erreichen. Aussteigen musst Du an der Haltestelle „Alter Militärring".

Minigolf Rodenkirchen (Uferstr. 70): 18 Bahnen im Kölner Süden und nur wenige Meter vom Rhein entfernt. Die Bahnen sind zwar nicht mehr die Neuesten, dennoch gilt dieser Minigolfplatz als einer

der schönsten im Stadtgebiet. Außerdem gibt es einen Grillplatz, der auf Anfrage zusätzlich genutzt werden kann. Mal was anderes: In Vollmondnächten wird hier „Mondscheingolf" bis 22 Uhr abends geboten! www.minigolf-rodenkirchen.de

Minigolf Lindenthal (Bachemerstr. 420a): Ebenfalls schnuckelig und im Grünen liegt diese Anlage im Herzen Lindenthals. Falls Du mal eine Radtour entlang des Äußeren Grüngürtels machst, kannst Du hier eine Zwischenetappe einlegen. Dazu passt wunderbar ein Eis vom Kiosk. www.minigolf-lindenthal.de

Minigolf Ehrenfeld (Ecke Innere Kanalstr./Subbelrather Str.): Etwas versteckt, gegenüber dem Fernsehturm, ist eine zentral gelegene und eigenwillige Minigolfanlage. Falls Du sie nicht sofort findest, lass Dich nur nicht entmutigen! Nimm die Buslinie 5 bis Gutenbergstraße oder die 3 oder 4 bis Piusstraße. Die Anlage gibt`s echt, auch wenn viele Ehrenfelder nichts von ihrer Existenz ahnen.

Weitere Anlagen findest Du unter: www.koeln-journal.de
--> Freizeit --> Sport in köln --> Minigolf

Golf

Ja, Minigolf ist was für einen gemütlichen Nachmittag. Wenn Du es lieber doch schwungvoller haben möchtest und beim Einlochen eher weitere Strecken zurücklegen willst, bietet Dir Köln dazu ebenfalls eine Vielzahl an Möglichkeiten. Auf über 50 Anlagen in der Region rund um die Stadt kannst Du Dich beim „großen" Golf austoben und Dein Handicap verbessern. Detaillierte Infos findest Du hier: www.koeln-spielt-golf.de

Boules

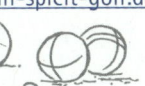

Für den Fall, dass Du zwar gerne eine ruhige Kugel schiebst, Boules aber dem Minigolf eindeutig vorziehst, gibt es auch dafür prima Möglichkeiten. So triffst Du beispielsweise im verwinkelten **Römerpark/Friedenspark** in der Kölner Neustadt-Süd an jedem sonnigen Wochenende muntere Gesellschaften von Boulesspielern.

Grillen
Sonne **Baden**
Eis
Kicken

Ein weiterer Treffpunkt ist der **Brüsseler Platz** im Belgischen Viertel. Sobald die Sonne fröhlich vom blauen Himmel scheint, werden auch hier die Kugeln ins Rollen gebracht. Schau Dich doch mal auf den Seiten der Bunten Liga Boule Köln um. Hier findest Du alle Infos, Treffpunkte und Spielzeiten.

Du siehst also, Boules ist schon lange nicht mehr nur ein Sport für alte Männer mit Baskenmütze. www.blb-koeln.de

Inline-Skaten

Eine der beliebtesten Kölner Strecken zum Inline-Skaten erstreckt sich auf der **linken Rheinseite** von Domhöhe bis weit hinter Rodenkirchen. Der Belag ist durchweg passabel und Du hast einen herrlichen Ausblick aufs Wasser, da die gesamte Strecke entlang der Uferkante verläuft. Falls Du nach dieser Tour noch nicht genug hast, kannst Du in Rodenkirchen die Südbrücke zur anderen Rheinseite überqueren. Von hier aus lässt sich Deine Tour rechtsrheinisch dann wieder gen Norden bis nach Deutz fortsetzen. Die Gesamtlänge beträgt in dem Fall ca. 12 km.

Ebenfalls ein Highlight unter den Langstrecken ist bei den Kölner Inline-Skatern das Areal am **Fühlinger See**. Mit einer Länge von etwas über 8 km führt die Strecke in U-Form um die Seen-Anlage des Naturschutzgebietes. Ein vollständiger Rund-Parcours ist leider nicht möglich, da der Verbindungsweg nicht asphaltiert ist.

Solltest Du es nicht auf Langstrecke anlegen, sondern lediglich ein wenig cruisen und Slalom fahren wollen, ist der Belag der Kölner

Mehr Infos rund um das Thema findest Du auf
www.inline-skaten-koeln.de

Domplatte einfach ein Traum. Hier gleitest Du praktisch wie auf Wolken – probier's mal aus!

Skateboarden

Wenn Du eher eine Rampensau bist und der Meinung, dass ein Bord auf Rollen gehört, wenn Du Dich außerdem erst in der Vertikalen so richtig zu Hause fühlst, dann solltest Du Dich in die **Neusser Straße/Ecke Innere Kanalstraße** im Stadtteil Nippes begeben. Hier findest Du die LohseRampe, eine der besten Outdoor-Rampen im ganzen Umkreis!

Sie ist immer befahrbar, außer, wenn Contests oder eine der legendären Lohse-Partys stattfinden. Aber dann lohnt sich das Vorbeischauen auf jeden Fall auch! www.lohserampe.de

Draußen Regen, Regen und nochmal Regen und Du sehnst Dich so richtig nach einem Dach überm Kopf? Da gibt es eine Lösung! Also auf Richtung **Halle59** (Christian-Sünner-Str. 8) in Köln-Kalk! Die Rampen und Obstacles sind auf jeden Fall Spitzenklasse, aber je nach Wochentag und Tageszeit kann es sein, dass sich hier jede Menge BMX-Fahrer und Scooter tummeln!
www.halle59.abenteuerhallenkalk.de

Köln   endlich   endlich   Köln

endlich

Sonne **Grillen** Baden
Eis
Kicken

Dein Board braucht frische Luft und steht auf Hindernisse? Dann wirst Du Dich am **Skateplaza Kap 686** (heißt so, weil es genau an Rheinkilometer 686 liegt) extrem wohlfühlen. Direkt im Rheinauhafen am Agrippinaufer gelegen, bieten Dir 2000 beleuchtete Quadratmeter ein Paradies an Obstacles, die perfekt zum Street-Skaten sind. Du kommst mit der Buslinie 16 bis Schönhauser Straße oder mit der 15 bis Ubierring hin.

Gleitschirm-Fliegen

Auch wenn Köln direkt keine hohen Berge zu bieten hat, besteht durchaus die Möglichkeit zum Gleitschirm-Fliegen. Wie das gehen soll? Ganz einfach mit **Flatland Paragliding** (Karlstr. 6, 40764 Langenfeld). Zwischen Düsseldorf und Köln gelegen, findest Du die Flugschule. Unter professioneller Anleitung kannst Du hier mit Schnupperkursen oder Tandemflügen den Himmel des Kölner Nordens erkunden. www.flatland-paragliding.de

Südlich von Köln wird es mit dem Siebengebirge dann doch schon etwas bergiger. Zwischen Köln, Bonn und Koblenz hat sich der Gleitschirm- und Drachenfliegerverein **DGC-Siebengebirge e.V.** (Vereinslokal Hotel Strand-Café, Neustadter Str. 9) einen Namen gemacht und bietet neben Tandemflügen auch alles Wissenswerte für Motorschirm-Interessierte. www.dgc-siebengebirge.de

Kajak-Fahren

Mit dem Rhein hat Köln zwar kein wirkliches Wildwasser, aber immerhin ein recht wildes Gewässer im Angebot. Von unüberlegten Aktionen, bei denen Du Dich auf eigene Faust in diese viel befahrene Wasserstraße begibst, ist also abzuraten. Das bedeutet allerdings nicht, dass Du auf das Vergnügen des Paddelns vollständig verzichten musst. Schließlich hat Köln den einen oder anderen See sowie etliche Vereine zu bieten, wo Du Dich nach Herzenslust beim Kajaken oder Stand-Up-Paddeln austoben kannst.

Die Adresse schlechthin ist auch für das Kanu-und Kajak-Fahren der Fühlinger See im Norden Kölns. Im **Blackfoot Camp** (Stallagsbergweg 1) findest Du zwar keine Wildwasser-Strecken, aber doch alles, was Du als begeisterter Kanute für den Spaß zwischendurch benötigst. www.blackfoot-camp.de

Du möchtest das Unterfangen des Kanu- und Kajak-Fahrens vollends organisiert haben? Dann kontaktier am besten den Wassersportverein **Blau-Weiss Köln.** Mit über 200 Mitgliedern findest Du hier jede Menge Gleichgesinnte und ein umfangreiches Angebot an Kursen, Wettkämpfen und Kanu-Reisen. www.blauweisskoeln.de

Ein weiterer Kanu-Verein, der seit über 35 Jahren besteht, ist das **KSK-Team Köln** (Boothaus Deutzer Brücke, Herbert-Liebertz-Weg). Hier geht es ziemlich professionell zu. Die Erfolgsbilanz beläuft sich u.a. auf zwei Europameister- sowie acht Weltmeistertitel. Wenn Du Dich hier meldest, streng Dich also an! www.ksk-team.de

Etwas außerhalb von Köln findest Du dann noch die **Kanu-Schule Köln**. Sie liegt ca. 30 km südlich und bietet viele verschiedene Kurse, in denen Du das Kajak-Fahren lernen kannst (Treffpunkt ist der Parkplatz des Bootshauses, Wahnbachtalstr. 19, 53721 Siegburg). www.wildwasserschule.com

Maisfeld-Labyrinth

Okay, Du liebst das wohlige Gefühl, kniffligen Situationen entkommen zu sein? Dein Orientierungssinn bringt Dich immer sicher nach Hause? Du hast Lust auf das Lösen von Rätseln und bist ein Denksportler? Dann gehörst Du aber ganz schnell ins Maislabyrinth!

Das Beste und wahrscheinlich Größte seiner Art ist das Maislabyrinth des **Gut Heiderhof** (Heiderhof 1) in Königswinter. Auf einer Gesamtlänge von 3 km wandelst Du durch ein verzwicktes Geflecht aus Wegen und Abzweigungen, die Dich im Wortsinne in die Irre

führen werden. Wenn Du an den Quizstationen brillierst, hast Du am Saisonende sogar die Chance, coole Preise abzuräumen!
www.gut-heiderhof.de

Spazieren & Wandern

Wandern

Per pedes die Natur erkunden – für viele Menschen alles andere als eine langweilige Methode, sich in der Freizeit fortzubewegen. Und auch im Kölner Umland gibt es fantastische Wanderwege, die Du auf Schusters Rappen für Dich entdecken kannst.

Zu allererst wäre da der **Naturpark Rheinland** zwischen Köln und Bonn. Mit ca. 1045 km^2 zählt er zu den größten Naturschutzgebieten, die Nordrhein-Westfalen zu bieten hat. Vom Kölner Stadtrand sind es knapp 10 km und schwuppdiwupp befindest Du Dich in einer vielfältigen Landschaft. Durchzogen von hügeligen Vulkangebieten, Wäldern, Flüssen und Seen kannst Du hier herrliche Wanderungen oder Radtouren unternehmen.
www.naturpark-rheinland.de

Wenn Du wissen möchtest, wie groß Köln eigentlich ist, kannst Du dich ja einmal auf den **Kölnpfad** begeben. Der Kölnpfad ist eine vom Kölner Eifelverein entwickelte Strecke, die in elf Etappen und mit einer Gesamtlänge von 171 km einmal rund um die Domstadt führt. Auf der Homepage des Vereins findest Du alle Infos und Termine, um Dich dieser Kolonne von Wandermäusen anzuschließen.
www.koelner-eifelverein.de

Eine weitere Interessensgemeinschaft ist **TrekCologne**. Eine Gruppe Wanderwütiger von ca. 20 Personen im Alter von 25 bis 55 Jahren, die sich zwei Mal im Monat aufmachen und Strecken zwischen 15 bis 30 km rund um Köln ablatschen. Hier entdeckst Du auf jeder

Tour Neues und kannst vom Bergischen Land bis hin zur Eifel die wundervolle Natur des Kölner Umlandes kennenlernen. Jede Menge Infos unter: www.trekcologne.de

Für den Fall, dass Du einfach nur mal eine schöne Strecke zum Spazierengehen suchst, empfiehlt es sich, den Rhein vom Dom aus Richtung Süden zu gehen. Hier kannst Du bis Rodenkirchen direkt am Wasser spazieren, und falls die Füßchen müde werden, mit einer der zahlreichen Rheinfähren zurück Richtung Innenstadt tuckern.

Naturlehrpfade

Der Kölner an sich gilt ja als außerordentlich gebildet! Gut, vielleicht ist es nicht jeder, aber die meisten! Oder waren es die wenigsten? Hm, wie auch immer, Du kannst auf jeden Fall zu denjenigen gehören, die sich in der Kölner Artenvielfalt und Stadthistorie bestens auskennen. Und zwar in der Stadt, aber auch im Kölner Umland.

Da wäre z.B. der **Königsforst** im Kölner Osten. Dieses 30 km² große Wald- und Naturschutzgebiet ist ein ideales Ausflugsziel, wenn Du dem Treiben der Großstadt entfleuchen willst, Dich an Mutter Natur einmal so richtig laben und dabei viel Lehrreiches mitnehmen möchtest. Mit der Straßenbahnlinie 9 kommst Du praktisch bis an den Waldrand. Am nahe gelegenen Forsthaus Rath beginnt ein Waldlehrpfad von 4 km Länge. Hast Du diesen Weg absolviert, weißt Du alles über die Bäume im Kölner Königsforst.

Historische Wanderwege

Wir haben Dir ja bereits einige Wanderrouten durch das Kölner Umland vorgestellt, die Dir Kölns Drumherum in den schönsten Facetten präsentieren. Darüber hinaus findest Du aber auch innerhalb der City spannende Wege, die Dich durch Kölns über 2000-jährige Historie führen.

Köln   endlich   endlich   Köln
endlich

Sonne **Grillen** Baden
Eis
Kicken

Pflichtprogramm ist der **Kölner Brauhauswanderweg**, nicht nur für Neukölner. Seit vielen Hundert Jahren hat Köln eine faszinierende Geschichte in Sachen Bierbrauen. Der 1997 ins Leben gerufene Brauhausweg begeht Stationen dieser feucht-fröhlichen Historie und vermittelt extrem viel Spannendes und Wissenswertes rund um der Deutschen liebstes Getränk, allen voran natürlich das Kölsche Kölsch! Dass Du probieren musst, versteht sich bei dieser Tour natürlich von selbst! Infos findest Du unter: www.koelner-wanderweg.de

Da Köln bereits einige Jährchen auf dem Buckel hat, gibt es natürlich immens viele **City-Wanderungen**, die Dir die spannende, bewegende, und hin und wieder auch kuriose Stadtgeschichte zeigen. Die Auswahl ist grandios und wahrscheinlich wirst Du auch nicht alle machen können. Such Dir einfach das aus, was Dich am meisten interessiert. Für Anfänger eignet sich vielleicht die Tour „Kölner Klassiker"; aber auch die Führung über den Melatenfriedhof oder die Weihnachtsführung garantieren ein paar gelungene Stunden. Den besten Überblick findest Du unter: www.spurenlese.de

Grillen

Kaum, dass die Temperaturen die 20-Grad-Marke überschreiten, geht auch der Kölner seinen archaischen Trieben nach. Nicht, was Du jetzt denkst – obwohl das natürlich auch! Aber die Rede ist hier vom Umgang mit dem rohen Fleisch. Immer noch missverständlich? Na gut. Gemeint ist der Umgang mit dem rohen

Fleisch in Kombination mit Feuer, kurz das Grillen! Und hier in Köln bist Du im Grillparadies gelandet, denn bis auf wenige Ausnahmen ist das Grillen in den meisten Parks, auf Wiesen, und wo Du Dein Dreibein sonst noch platzieren kannst, erlaubt.

Mal kurz vorweg, wo Du Deine Koteletts nicht unbedingt auf das Rost packen solltest: Verboten ist das Grillen im Rheingarten, im Stadtgarten sowie in den Botanischen und Forstbotanischen Gärten Kölns. Klingt vielleicht viel, ist aber relativ gesehen ein Witz gegenüber den fantastischen, zahlreichen Plätzen, an denen Du hemmungslos brutzeln kannst!

Arbeiten wir uns doch zum Beispiel mal von der Innenstadt nach außen. Extrem beliebt ist da der **Innere Grüngürtel**, der sich vom Fernsehturm namens „Colonius" im nördlichen Köln bis runter zur Luxemburgerstraße zieht und somit fast in der Südstadt endet.

Hier siehst Du an heißen Sommerwochenenden mehr Grills, als andere Städte Einwohner haben. Gerade der **Aachener Weiher** (Nähe Rudolfplatz) versinkt mitunter in einer einzigen Grillwolke.

Ebenfalls dicht an dicht reihen sich die grillwütigen Kölner im **Volksgarten** (Neustadt-Süd). Auf 14 ha und umringt von Bäumen, grillst Du hier in der City, bist dabei aber von Natur umgeben.

Noch weiter südlich ist der **Römerpark/Friedenspark** zu empfehlen. Er befindet sich in unmittelbarer Nähe zum Chlodwigplatz und dem Rheinufer. Verwinkelt, urig und mit jeder Menge schöner Grünflächen versehen, grillt es sich hier ganz vorzüglich!

Grillen Baden
Sonne
Eis
Kicken

Nicht mehr ganz zentral, aber immer noch citynah ist der **Blücher-park** in Nippes an der Escherstraße. Ebenfalls eine pure Idylle inklusive Weiher, wo Du zuweilen sogar Konzerte genießen kannst, während Dein Grillgut es sich über dem Feuer gemütlich macht.

Wenn Du Dich auf die **Schäl Sick**, also die rechte Rheinseite begibst, geh' zum Grillen auf die Poller Wiesen. Diese riesige Grünfläche liegt direkt am Rheinufer und erstreckt sich vom südlichen Deutz bis in den Stadtteil Poll hinunter. Auch hier reiht sich eine Grillgruppe an die nächste und das Ganze mit Recht. Die Poller Wiesen sind ein perfekter Ort, um Dich tagsüber selbst in der Sonne und abends Dein Grillgut auf dem Feuer zu braten. Für eine kleine Bolz-Runde zwischendurch ist hier auch noch Platz!

Nördlich von Deutz in Richtig Köln-Mülheim erstreckt sich der **Jugendpark** in der Sachsenbergstraße entlang des Rheins. Auch hier hast Du mehr Platz, als Du mit sämtlichen Leuten, die Du kennst, belegen könntest.

Was Du allerdings überall beachten solltest: Keine Einweggrills verwenden und Deinen Grill in gebührendem Abstand (ca. 100 m) zu Baumreihen aufstellen. Außerdem reagiert das Ordnungsamt ziemlich empfindlich, wenn Du Deinen Müll nicht wegräumst. Erwischen Sie Dich, kann das schon mal bis zu 250 Euro kosten!

Natürlich hat Köln auch speziell ausgestattete Grillplätze, falls Du Deinen Grill-Kladderadatsch nicht unbedingt mitschleppen willst. Wo Du welchen Platz findest und wie dieser ausgestattet ist, erfährst Du hier: www.stadt-koeln.de

--> Freizeit --> Grillplätze

Eine richtige Grillhütte mit allem Pipapo gibt es in Köln direkt leider nicht. Um in diesen Genuss zu kommen, müsstest Du Dich ins benachbarte **Bergisch Gladbach** begeben. Hier kannst Du mit der „Saaler Mühle" und der „Diepschrather Mühle" zwei voll ausgestat-

tete Grillhütten inklusive Wasser, Strom und Toiletten für 85 bis 100 Euro mieten. www.bergischgladbach.de

--> Bürgerservice A-Z --> Rathaus A-Z
--> Grillhütte

Picknicken

Manchmal muss es ja nicht gleich die riesige Grill-Party mit dem kompletten Freundeskreis am Abend sein, ein einfaches Picknick hat auch seinen Reiz. Vor allem, wenn man nur zu zweit ist. Auch hierfür gibt es in Köln unendlich viele Möglichkeiten und alles, was Du bereits über die besten Grillplätze Kölns weißt, gilt auch für entspannte Picknicks in trauter Zweisamkeit.

Der **Innere Grüngürtel,** der sich linksrheinisch vom Stadtteil Köln-Riehl bis zur Luxemburger Straße über 7 km Länge erstreckt, bietet wundervolle Wiesen und Parks, die ideal für entspannte Picknicks sind.

Und auch auf der rechten Rheinseite hast Du im Kölner **Jugendpark** (nördlich von Köln-Deutz) oder auf den **Poller Wiesen** (südlich von Köln-Deutz) viel Platz, um im herrlichen Grün Deinen Fressalienkorb zu plündern. So geht Kölsche Vita in Eigenregie!

Schnee

Schnee
Schnee
Schnee
Schnee

Schnee
Schnee

Schnee

Schnee

Schnee

Schnee

Schnee

Winter!

Frostige Zeiten

Winter!

Winter!

kalt **brrr**

Eiskratzerei

Schnee

Schnee

hnee

Eiskratzerei

kalt

Sauna

Sauna

kalt

Sauna

kalt

Schnee

brrr

endlich

brrr

brrr

bl

brrr

chnee

Schnee kalt

Eiskratzen Sauna

brrr

Der Winter in Köln ist ein komischer Kauz. Manchmal weht er, mit einem eiskalten Luftzug, zur Haustür herein und dann wieder erscheint er im Frühlingsgewand. Ganz egal, ob die Osterglöckchen schon im Dezember den Kopf durch die Erde strecken oder ob Dir wochenlang der Getränkevorrat auf dem Balkon gefriert: „Et es wie et es". Ändern kannst Du das Wetter sowieso nicht. Und eins ist eh klar: Winterromantik gibt es hier nur mit Großstadtcharme. Schön ist es trotzdem! Ob drinnen oder draußen spielt da keine Rolle.

Drinnen

Hallenbad & Sauna

Wenn Deine Wohnung keine Badewanne hat, oder in der WG mal wieder der Boiler streikt, heißt das nicht, dass Du auf wohlig-warmes Wasser verzichten musst.

Obwohl in den letzten Jahren einige Schwimmbäder in und um Köln geschlossen wurden, gibt es immer noch genügend Möglichkeiten für jede Menge Badespaß. Allein die KölnBäder GmbH bietet Dir 13 städtische Schwimmbäder zur Auswahl. Einige davon sind in die Jahre gekommen, aber generalüberholt, andere wurden erst vor kurzem neu gebaut und manche sind sogar das ganze Jahr hindurch als Kombibäder nutzbar. Sieben der Bäder haben ein integriertes Sauna-Angebot. Wir haben Dir eine kleine Auswahl der schönsten Bäder zusammengestellt:

Absolut zentral gelegen ist das **Agrippabad** (Kämmergasse 1). Mitten in der Innenstadt kannst Du hier Deine Bahnen ziehen und plantschen. Besonders beliebt ist das Solebecken, in dem Du Dich an kalten Wintertagen mal so richtig aufwärmen kannst. Die Mutigen wagen sich derweil an der Sprunganlage bis auf den 10-Meter-Turm. Wer lieber auf dem Boden der Tatsachen bleibt, kann sogar über Wellen hüpfen – ein riesiger Ball erzeugt diese mehrmals täglich für jeweils ca. 15 Minuten.

Nachteil des Bades: Meist ist es sehr voll, außerdem wird es oft etwas lauter. Der Eintrittspreis ist mit knapp 6 Euro für 2,5 Stunden auch ziemlich hoch. Aber dann ist da ja auch noch die tolle Sauna-Anlage: Hier gibt's die klassische Aufguss-Sauna, aber auch ein Brechel-Bad mit ätherischen Ölen und Kräutern. Und als Krönung, im wahrsten Sinne des Wortes, lockt die große Dachterrasse mit Blick auf den Dom. Je nach Tagesform kannst Du Dich hier massieren lassen oder als Mitglied im Fitnessstudio trainieren.

Wenn Du es lieber etwas ruhiger angehen lässt, ist der 2011 eröffnete **Lentpark** (Lentstr. 30) eine gute Wahl. Als Multifunktionstalent macht der Park nicht nur Wasserratten, sondern auch Saunafans und Eisläufer glücklich. Der Schwimmbereich bietet Dir, neben dem 25-Meter-Sportbecken, unter anderem auch ein kleines Wärmebecken mit Badewannenfeeling. Die Schwimmhalle ist hell und freundlich, Liegestühle und Strandkörbe laden zum Ausruhen ein. Schwitzen kannst Du hier im Dampfbad, in der Kräutersauna oder der großen Aufguss-Sauna im Außenbereich.

Einzigartig ist der Naturbadeteich, der draußen als willkommene Abkühlung auf Dich wartet. Ein Bistro mit warmer Küche sorgt zwischendurch auch für das leibliche Wohl.

Feine Sache: Schon ab September kannst Du hier auch Schlittschuhlaufen!

Das 2009 eröffnete **Ossendorfbad** (Äußere Kanalstr. 191) gehört zur neuen Generation der Kölner Kombibäder. Auch im Winter bietet es mit einem 25-Meter- Schwimmbecken, einem Nichtschwimmer- und einem Erlebnisbecken sowie dem Vierjahreszeitenbecken ausreichend Platz zum Schwimmen, Plantschen und Rutschen. Geschwitzt wird in der Aufguss-Sauna oder der Licht-Sauna – als

Köln   endlich   endlich   Köln

endlich

Schnee Eiskratzen kalt Sauna brrr

Alternative wartet noch ein Dampfbad. Für Hungrige gibt es einen Imbiss und Snackautomaten. Aktuelle Infos zu diesen und anderen städtischen Bädern findest Du hier: www.koelnbaeder.de

Noch weiter im Westen der Stadt, direkt neben dem RheinEnergie-Stadion, liegt das **Stadionbad** (Olympiaweg 20). Jahrelang war es als Kölns größtes Freibad bekannt, seit 2011 grenzt nun auch ein schickes Hallenbad an! Du weißt nicht, was ein Valo-Bad ist? Dann solltest Du mal die Saunalandschaft besuchen. Natürlich gibt's hier auch die Klassiker: Aufguss-Sauna, Kräuter-Sauna und Dampfbad.

Zu den alten Damen unter den KölnBädern gehört das **Chorweiler-bad** (Liller Str.). Mit 4,20 Euro pro Tag bietet es eine relativ günstige Alternative zu den modernen Wassertempeln, die Ausstattung ist außerdem weitestgehend barrierefrei.

Seit 1976 in Betrieb ist das **Zollstockbad** (Raderthalgürtel 8-10) im Kölner Süden. Generalüberholt und modernisiert bietet es jetzt, als kinderfreundliches Kombibad, viel Spaß für Groß und Klein.

Das rechtsrheinisch angesiedelte **Zündorfbad** (Groov/Trankgasse) macht mit seiner coolen 80-Meter-Wildwasserrutsche vor allem jungen Familien jede Menge Spaß.

Hoch im Kölner Norden liegt das Freizeitbad **Aqualand** (Merianstr. 1). Das Aqualand ist kein städtisches Schwimmbad und bietet vor allem eins: Jede Menge Spaß für alle! Auf zahlreichen Rutschen kannst Du hier ins Wasser sausen. Das Highlight ist die Loopingrutsche: Du steigst in eine kleine Kabine, wartest den Countdown ab und fällst ins Bodenlose!

Für schwächere Nerven gibt's die Reifenrutsche und im Space Taifun warten Lichteffekte und Nebelschwaden. Es lohnt sich, vor dem Besuch online zu checken, ob Deine Lieblingsrutsche in Betrieb ist. Das zweite große Aushängeschild des Aqualands ist das Angebot an

Saunen. Hier gibt es alles, was sich ein unterhitztes Saunahirn nur so wünschen kann: Wohlklingende Freizeitbeschäftigungen wie zum Beispiel Gruben- und Rosenquarzsauna, Nebel-Eisgrotte, Osmanischer Hamam, Zitronen-Orangen-Sauna und, und, und ... www.aqualand.de

Achtung: Montags und mittwochs ist ab 19.00 Uhr Saunaabend mit FKK-Betrieb in der gesamten Anlage.

Thermalwasser und Wellness

Wenn Dir die Kälte so richtig tief in den Knochen sitzt, lohnt sich ein Ausflug in das Thermalbad auf Kölns „schäl Sick". Direkt neben der Mülheimerbrücke, mit Blick auf Dom und Seilbahn, liegt die **Claudius Therme** (Sachsenbergstr. 1). Die Atmosphäre ist ruhig und gediegen mit vielen Möglichkeiten für Wellness und zum Relaxen.

Besonders schön ist es im Thermalbad an verschneiten Winterabenden. Wenn Du in der Erdwallsauna mit Kaminfeuer sitzt, bei gedämmtem Licht der schönen Unterwassermusik lauschst, oder draußen im sprudelnden Whirlpool liegst, während Dir eisige Luft um die Nase weht, vermisst Du den Sommer bestimmt nicht.

Geöffnet auch an Sonn- und Feiertagen von 9.00 bis 24.00 Uhr. Sauna und Badelandschaft sind gekoppelt, der Eintritt gilt für beides. www.claudius-therme.de

Köln   endlich   endlich   Köln
endlich

Schnee kalt

Eiskratzen Sauna

brrr

Alle, die in Ehrenfeld oder Umgebung wohnen, können Sauna, Wellness und Fitness auch im **Neptunbad** (Neptunplatz 1) genießen. In dem unter Denkmalschutz stehenden Gebäude erwartet Dich eine absolut einladende Atmosphäre. Schon wenn Du rein kommst, setzt augenblicklich die Entspannung ein, denn es riecht nach Zitronengras oder Lavendel. Die Asiatische Bäder- und Saunalandschaft bietet Dir mit den unterschiedlichen Aufgüssen ein ganz besonderes Wellness-Erlebnis. Am Abend beleuchten Kerzen und Fackeln den Saunagarten und sorgen für Lagerfeuer-Romantik. Das Neptunbad hat täglich bis 24.00 Uhr geöffnet. www.neptunbad.de

Nicht ganz so bekannt, aber zentral gelegen, ist die Sauna- und Thermenlandschaft des **Mauritius Hotels** (Mauritiuskirchplatz 3-11). Die sieben finnischen Saunen und die verschiedenen Pools dürfen auch von externen Gästen besucht werden. Studenten zahlen von Montag bis Donnerstag ab 9.30 Uhr nur 14 Euro. www.mauritius-ht.de --> Wellness & Therme

Indoor-Sport

Ein DVD-Abend mit Popcorn und heißer Schokolade, vielleicht noch ein paar Chips oder ein Tässchen Glühwein? Das klingt an einem nasskalten Winterabend mehr als verlockend. Spätestens zu Beginn der nächsten Freibadsaison, oder wenn die Lieblingshose nicht mehr passt, ärgerst Du Dich aber über den angeschmausten Winterspeck. Also rein in die Turnschuhe und ab zum Sport. Wo? Na hier zum Beispiel:

Ballsport mit Hand und Fuß

Im **Sportcenter Kautz** (Rhöndorfer Str. 10-13) gibt es Bälle in allen Größen und Ausführungen. Auf zwei Ebenen kannst Du Badminton, Tennis, Squash, oder Fußball spielen. Schläger können auch ausgeliehen oder im hauseigenen Sportshop gekauft werden. Das Center

ist nicht mehr das Neueste, Duschen und Umkleiden wurden aber 2012 saniert. Spielfelder solltest Du im Voraus reservieren. Wenn dann doch die Nase trieft oder Du Dir bei Glatteis den Knöchel verstaucht hast – absagen nicht vergessen, sonst bezahlst Du trotzdem! Alle notwendigen Telefonnummern findest Du unter:
www.sportcenter-kautz.de

Für alle die rechtsrheinisch wohnen, bietet das große **ACR Sportcenter** (Neubrücker Ring 48) in Rath/Heumar ein abwechslungsreiches Angebot. Auf 11.000 m² kannst Du Badminton, (Tisch-)Tennis oder Squash spielen. Fußball, Volleyball und Basketball sowie Fitness und Wellness sind ebenfalls im Angebot.
www.acr-sportcenter.eu

Als leidenschaftlicher Fußballer bist Du während der kalten Jahreszeit in der **SoccerWorld-Köln** (Ottostr. 7) gut aufgehoben: Du hast ein Dach über dem Kopf und der Kunstrasen sorgt für trockene Füße (Schweiß ausgenommen ...). Je nach Spieleranzahl könnt ihr hier 3 gegen 3 oder 5 gegen 5 spielen. Die SoccerWorld ist sehr beliebt und abends meist ausgebucht. Mit etwas Glück sind die kleinen Streetsoccer Felder aber auch kurzfristig zu haben. Hin kommt ihr am besten mit dem Auto. www.soccerworld-koeln.de

Bowling und Billard – 'ne gemütliche Kugel schieben

Groß angelegt sind die Hallen von **Alpha Bowling** (Luxemburger Str. 299) und **Westbowling** (Melatengürtel 21). Westbowling bietet Dir in der Innenstadt neben 20 Bowlingbahnen zusätzlich 12 Billardtische sowie einige Dart- und Flipperautomaten. Beim Laserbowling herrscht Clubatmosphäre. Im benachbarten Billardraum geht es ruhiger zu: Das Licht ist hier gedämpft, Konzentration liegt beinahe greifbar in der Luft! Beide Betreiber bieten neben Getränken auch verschiedene Speisen an. www.alpha-bowling.de
www.westbowling.de

Köln   endlich   endlich   Köln
endlich

Schnee   kalt

Eiskratzen Sauna

brrr

Mitten in der Innenstadt, in der Nähe des Südbahnhofs, versprüht **City-Bowling** (Moselstr. 44) seinen eigenen Charme. Mit vier Bahnen geht es hier ziemlich familiär gemütlich zu, das Personal ist sehr freundlich. Die humanen Preise werden pro Stunde und Bahn gerechnet und richten sich nach Wochentag und Uhrzeit. www.city-bowling.de

Im **Giga-Center** (Hohenzollernring 7-11), direkt am Rudolfplatz, gibt es viele Möglichkeiten, sich rund um die Uhr und nonstop die Zeit zu vertreiben. Billardtische sind in rauen Mengen vorhanden und müssen meist nicht reserviert werden. Das Publikum ist jung und erfreulicherweise so bunt gemischt wie das nächtliche Treiben am Ring. www.giga-center.info

Wenn Du dem Partypublikum bereits entwachsen bist, oder es zur Abwechslung mal etwas ruhiger magst, wirst Du Dich in der altmodischen Atmosphäre des **Café Schneider** (Kaiser-Wilhelm-Ring 30-32) wohlfühlen. Die Preise sind fair, das Ambiente urig, das Essen schmeckt! www.billard-cafe-schneider.de

Höhenrausch: Indoor-Klettern

Wenn es draußen rutschig und dunkel wird, solltest Du Deine Kletteraktivitäten in die Halle verlegen. Relativ zentral geht das in der **Kletterfabrik** (Oskar-Jäger-Str. 173) in Ehrenfeld. Es gibt verschiedene Parcours zum Klettern und Bouldern und außerdem auch einen speziellen Kinderbereich. 2012 wurden hier einige Umbauten vorgenommen, nach wie vor ist es aber meistens sehr voll in der Halle. www.kletterfabrik-koeln.de

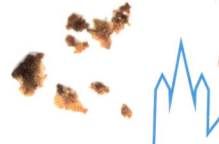

Im **Canyon Chorweiler** (Weichselring 6A) liegst Du preislich etwas günstiger, dafür dauert die Anfahrt länger. Mit der S-Bahn fährst Du bis zur Haltestelle Chorweiler Nord, der Fußweg ist dann nicht mehr weit. Die Kletterrouten im Canyon sind abwechslungsreich und technisch interessant.

Diese Halle ist nicht so voll wie die in Ehrenfeld, dafür ist der Boulderbereich aber etwas kleiner gehalten.
www.canyon-chorweiler.de

An drei Abenden in der Woche sowie freitagvormittags können Jugendliche ab 16 Jahren und junge Erwachsene in den **AbenteuerHallenKalk** (Christian-Sünner-Str. 8) klettern. Mit einem Kostenbeitrag von ca. 6 Euro werden knappe Studentenkassen geschont.
www.abenteuerhallenkalk.de

Lust auf außergewöhnliche Sportarten?

Für alle Studierenden kann hier der **Hochschulsport** (Universitätsstr. 16) Abhilfe schaffen: Von Lacrosse über Bollywooddance bis hin zu Capoeira und Rugby wird Studierenden und Uni-Mitarbeitern hier eine große Auswahl an Trainingsmöglichkeiten geboten.
www.hochschulsport-koeln.de

Berufstätige finden ein ähnliches Programm bei den Kursen der **Volkshochschule** www.stadt-koeln.de

--> Schulen, kunst, kultur, Aus- und weiterbildung
--> Volkshochschule

Köln   endlich   endlich   Köln
                                    endlich

Schnee kalt
Eiskratzen Sauna
brrr

Draußen

Karneval

Anfang November, wenn die Lebkuchenmänner und Nikoläuse schon freudig aus den Supermarktregalen winken, macht der Kölner noch schnell einen Ausflug in die fünfte Jahreszeit:

Am 11.11. um 11.11 Uhr fällt der Startschuss. Schon Stunden vorher triffst Du auf den Straßen den ein oder anderen Clown oder Batman und Hello Kittys in Lebensgröße. Karneval in Köln bedeutet Ausnahmezustand: Kostümierte Menschen, volle Straßenbahnen, viel Musik, und Alkohol in Strömen. Traditionell wird der Kölner Karneval auf dem Heumarkt eröffnet. Auf einer großen Bühne geben sich Bands, Tanzvereine und das die Jecken regierende Kölner Dreigestirn die Klinke in die Hand.

Für mehr Infos zur närrischen Zeit schau einfach bei „Kultur und so", S.219-222

Schlittenfahren und Schneeballschlacht

Richtig hoher Schnee ist in Köln eine Seltenheit. Wenn Petrus dann doch mal eine Ausnahme macht und die Stadt in ein Winterwunderland verwandelt, begibst Du Dich am Besten schnell ins Flockengetümmel, bevor die schöne Pracht wieder zu grauem Matsch wird. Für spontane Schneeballschlachten in der Mittagspause oder eine kurze Abfahrt zwischen den Vorlesungen, eignen sich die Wiesen am **Aachener Weiher**, direkt in Uni-Nähe.

Wenn Du mehr Platz und Kulisse brauchst, ist Dein Schneemann auf den **Poller Wiesen** oder nah der **Mülheimer Brücke** in guter Gesellschaft. Auch rodeln kannst Du hier, aber Vorsicht: die Abhänge sind zwar breit, aber etwas holprig. Familien mit Kindern nutzen lieber die Hügel im **Nippesser Tälchen** und im Sülzer **Beethovenpark**. Am Herkulesberg tummeln sich hingegen die Geübten und Mutigen,

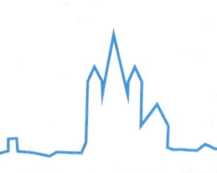

denn auf dem aufgeschütteten Trümmerhaufen aus dem Zweiten Weltkrieg bekommt man ordentlich Tempo auf die Schlitten und Plastiktüten.

Skifahren

Wenn Du ein echtes Winterkind bist, leidenschaftlich Ski fährst oder Dich einfach die Sehnsucht nach frischem Pulverschnee packt, musst Du raus aus der Stadt – hier bietet sich ein Ausflug in die nahegelegene Eifel an.

In **Bad Münstereifel** ist der Parkplatz „Bleielsnück" ein guter Startpunkt für den Winterspaß. Der knapp 600-Meter-hohe Michelsberg gilt als Top-Adresse zur Talfahrt. Ski-Langläufer nutzen die verschneite Umgebung, ausgeschilderte Loipen gibt es aber nicht. Die findest Du dafür in Blankenheim. Im **Waldcafe Maus** (Lucht 9) können Wintersportgeräte auch ausgeliehen werden. Rodelhänge für Kinder und Erwachsene gibt es ebenfalls. Preise für die Ausleihe sowie Infos zum Wetter vor Ort findest Du unter:
www.gastronomie-eifel.de

Mit Abstand den allerallerschönsten Namen für ein Skigebiet hat **Winterberg** im Sauerland. Und der Name ist auch Programm, denn hier geht es richtig professionell zu: 11 Sesselbahnen, 13 Schlepplifte und 3 Förderbänder verteilen die Schneeliebhaber auf die Abhänge. Beschneiungsanlagen und Flutlichthänge sind natürlich ebenfalls am Start. Die knapp zweistündige Anfahrt lohnt sich also auf jeden Fall! Loipen gibt es aber nur bei Naturschnee. www.skiliftkarussell.de

Wenn es schneller gehen soll oder der Winter mal wieder auf sich warten lässt, bietet die **Skihalle in Neuss** (An der Skihalle 1) 365 Tage im Jahr eine Alternative zum Schneeerlebnis in freier Natur.
www.allrounder.de

Schnee   kalt
Eiskratzen Sauna
brrr

Eislaufen

Hält die Kälte länger an, frieren auch im Kölner Stadtgebiet die Seen zu. Zu den schönsten Seen zum Schlittschuhfahren gehören der Aachener und der Decksteiner Weiher (ganz im Gegensatz zum Rhein). So schön die Winteridylle jedoch scheint, Du solltest Dich nicht vorschnell aufs Glatteis führen lassen. Das Betreten der Eisflächen im gesamten Stadtgebiet ist zwar nicht offiziell verboten, gestattet ist es aber auch nicht. Wer das Eis betritt, tut dies auf eigene Gefahr!

Für viele Eisläufer heißt es deshalb, auf in den **Lentpark** (Lentstr. 30). Ab Mitte September kannst Du hier die Schlittschuhe schnüren und in der Halle über das Eis gleiten. Auf dem Eisfeld im Untergeschoss (1.800 qm) ist genügend Platz zum Pirouetten drehen. Die Eishochbahn im Obergeschoss (8 m breit und 260 m lang) lädt ab Oktober zur Rundfahrt über den Köpfen der Schwimmer ein. Am Samstag ist dann Eisparty: von 16.00–18.00 Uhr nur für Familien und danach für alle anderen. Wenn Du eher unsicher auf den Kufen stehst, kannst Du Dich erst mal den Familien anschließen, hier geht's noch gemächlicher zu! www.koelnbaeder.de --> Eissport

Eher romantisch als sportlich geht es auf der **mobilen City-Eisbahn** (auf dem Heumarkt) zu. Zusammen mit dem Weihnachtsmarkt wird der Eiszauber Ende November aufgebaut und lädt bis Anfang Januar zum Schlittschuhlaufen unter freiem Himmel ein. Für 90 Minuten Kufenspaß bezahlst Du 3 Euro. Leih-Schlittschuhe gibt es ebenfalls für 3 Euro, plus Pfand und eine lange Wartezeit. Besonders nachmittags und am Wochenende ist die Eisfläche voll. Ein weiterer Minuspunkt: die Eisqualität leidet oft unter den zu hohen Temperaturen. Wenn Du dann aber alle Weihnachtsgeschenke besorgt hast und Dich nichts mehr stressen kann, ist eine Ehrenrunde unter Kindern und frisch Verliebten manchmal genau das Richtige.

Naschereien und Lichterglanz

Weihnachtsmärkte

Ganz egal, welchen Weihnachtsmarkt Du besuchst, es wird ein Fest für die Sinne: Schiefe Tonbandklänge, blinkende Rentiergeweihe und der Geruch nach gebrannten Mandeln. Wenn Du schon mal da bist, solltest Du deshalb unbedingt eine der kulinarischen Spezialitäten der Kölschen Weihnachtszeit probieren. Im ganzen Land bekannt und vom Kölner heiß geliebt, sind die hausgemachten „Rievkooche". Dazu gibt es Apfelmus, Zuckerrübensirup oder Rübenkraut. Garantiert aufwärmen kann man sich auch mit einer Ähzezupp. Wem das zu üppig ist, der kann genüsslich ein paar Dom-Spekulatius naschen. Übrigens: Traditionell werden jedes Jahr neue Motive für die Glühweintassen entworfen, die von Markt zu Markt unterschiedlich sind. Einige Kölner verzichten auf das Pfand und decken damit zu Hause den Frühstückstisch ein.

Die Weihnachtsmärkte schließen zwischen 21.00 und 22.00 Uhr. Alle Infos rund um das winterliche Kölle findest Du unter: www.koeln.de --> Touristik --> Weihnachten

Direkt neben der Eisfläche liegt die **Heimat der Heinzel.** Der traditionelle Weihnachtsmarkt beginnt auf dem Alten Markt und setzt sich auf dem Heumarkt fort. Die Buden sind thematisch geordnet und die Namen der kleinen Gassen orientieren sich an den Zünften der Heinzelmännchen. Die Atmosphäre des Marktes und die zauberhafte Dekoration prägen das Geschehen. Selbst umliegende Häuser und Bäume sind geschmückt, überall glänzen Geschenkattrappen und Lichterketten. Fehlt nur noch das Christkind!

Ein paar hundert Meter weiter kannst Du den wohl bekanntesten Kölner **Weihnachtsmarkt am Dom** besuchen. Direkt neben dem Wahrzeichen der Stadt findest Du die Buden mit roten Dächern in

Schnee
Eiskratzen
kalt
Sauna
brrr

Schneckenform angeordnet, überzogen mit einem Netz aus Lichtern. Im Zentrum des Spektakels steht ein riesiger Weihnachtsbaum, der nicht nur Kinderherzen höher schlagen lässt. Am Wochenende ist der Markt immer ziemlich überfüllt, weil zahlreiche Touristengruppen anreisen.

Ebenfalls in der Innenstadt liegt der **Markt der Engel** am Neumarkt. Auf dem Weg dorthin solltest Du einen Zwischenstopp an den Schaufenstern der Galeria Kaufhof einlegen – traditionell gibt es hier zur Weihnachtszeit eine Ausstellung der „Steiff-Tiere" zu sehen. In liebevoller Kleinarbeit werden tagelang ganze Szenen aufgebaut und die plüschigen Freunde mit versteckter Technik zu Bewegungen animiert. Am Neumarkt angekommen sticht neben den weißen Holzbuden das große alte Kinderkarussell hervor.

Wenn Du es lieber schrill magst, solltest Du die **Christmas Avenue** besuchen. Seit 2012 wird hier Kölns erster schwul-lesbischer Weihnachtsmarkt präsentiert – rosa Tannenbäume und Glitzersterne inklusive. Neben eher unweihnachtlichen Artikeln gibt es Infostände von homosexuellen Interessenverbänden. Willkommen ist jeder!

Ein ehemaliger Geheimtipp ist der **Weihnachtsmarkt am Stadtgarten**. Am Rande des angesagten Belgischen Viertels präsentieren Aussteller ihre individuelle Ware nur für ein oder zwei Wochen, danach gibt es etwas anderes zu bestaunen. Es lohnt sich also zweimal vorbei zu kommen, gerade wegen des Kulturprogramms! Das Publikum besteht aus Studenten und Junggebliebenen, die Stimmung ist vorweihnachtlich lässig. Neben der Auswahl an Leckerbissen sind auch Glühwein und Kinderpunsch zu empfehlen. In

der Kulisse des Rheinauhafens liegt der **Maritime Weihnachts-markt**. Die Aufmachung der Buden und auch einige Waren thematisieren das Motto des Marktes. Wer nicht auf sein Auto verzichten will, findet Platz im unterirdischen Parkhaus.

Weihnachts-Gebäck

Natürlich haben alle Konditoreien und Bäcker in der Winterzeit besondere Leckereien im Angebot. Wenn Du typisch kölsch naschen willst, gehst Du am besten ins **Café Reichard** (Unter Fettenhennen 11) gehen. In dem großen, traditionsreichen Café geht es geschäftig zu und die Plätze mit Domblick sind bei Kölnern und Touristen gleichermaßen beliebt. Umso mehr, wenn draußen der Weihnachtsmarkt im Lichterglanz erstrahlt. Die Pralinen-, Kuchen- und Tortenauswahl ist recht groß, zusammen mit der guten Lage hat sie aber auch einen stolzen Preis. www.cafe-reichard.de

Nur wenige Gehminuten vom Dom entfernt findest Du das **Café Fassbender** (Mittelstr. 12). In der Winterzeit locken neben den alltäglichen Herrlichkeiten aus dem Ofen vor allem die Weckmänner und Weihnachtskekse. www.fassbender.de

Einen Miniatur-Dom aus Zimt und Spekulatius bekommst Du im **Café Riese** (Schildergasse 103). Schokoliebhaber können hier Engelchen und Weihnachtsmänner erstehen. www.caferiese.de

Das **Café Konditorei Eigel** (Brückenstr. 1–3) bietet schon von draußen einen Augenschmaus: Im Schaufenster steht alljährlich ein großes Lebkuchenhaus, das liebevoll und bis ins kleinste Detail gestaltet ist. Drinnen gibt es leckere Torten und himmlische Zimtsterne. www.cafe-eigel.de

Abseits der Innenstadt im beschaulichen Mauenheim liegt das **Café Rademacher** (Friedrich-Karl-Str. 22). Der Großmutterfaktor ist ziemlich hoch, dafür ist es gemütlich und nicht so überlaufen. Da

Köln   endlich   endlich   Köln
endlich

Schnee kalt

Eiskratzen Sauna

brrr

sich das Großmütterchen unter unseren Café-Tipps ganz seinem Alter entsprechend, natürlich nicht im Internet finden lässt, verraten wir Dir gleich hier die Öffnungszeiten: Außer dienstags ist das Café glücklicherweise jeden Tag geöffnet. Werktags von 9.00 bis 19.00 Uhr, am Samstag von 9.00 bis 18.00 Uhr und sonntags von 11.00 bis 18.00 Uhr.

Fast ebenso heimelig, nur etwas stylisher, sieht es im **Café Franck** (Eichendorffstr. 30) aus. Das Publikum hier ist jünger, dafür ist es am Wochenende leider fast ein Ding der Unmöglichkeit, einen Platz zu bekommen. Probier's doch einfach trotzdem mal!

www.cafe-franck.de

Weihnachtliche Ausflüge

Du willst ganz großes Kino? Im **Phantasialand** (Berggeiststr. 31-41) beginnt Ende November der Wintertraum und entführt Dich in eine Winterwelt wie aus einem Hollywoodfilm. Farben, Lichter, Eiszapfen und Schneegestöber – passend dazu gibt es die verschiedensten Shows. Natürlich kannst Du aber auch ganz banal alle Achterbahnen ausprobieren, bis der Würgereiz einsetzt. Hin kommst Du mit der Regionalbahn (Haltestelle Brühl Bahnhof) oder der KVB-Linie

18 (Brühl-Mitte). Weiter geht es mit dem Shuttle-Bus für 1,50 Euro pro Person. Jippie! www.phantasialand.de

Wer es weniger kitschig mag und trotzdem in Weihnachtsstimmung kommen will, kann sich auf in die Natur machen. Einige Bauernhöfe rund um Köln haben eigene Weihnachtsbaum-Schonungen. Hier kannst Du Dir Deine Tanne nicht nur aussuchen, sondern sie auch selber fällen.

Auf **Gut Clarenhof** im ungefähr 10 Kilometer entfernten Frechen gibt es dazu leckere Waffeln und einen kleinen Weihnachtsmarkt. Ist eine kleine Reise wert! www.gut-clarenhof.de

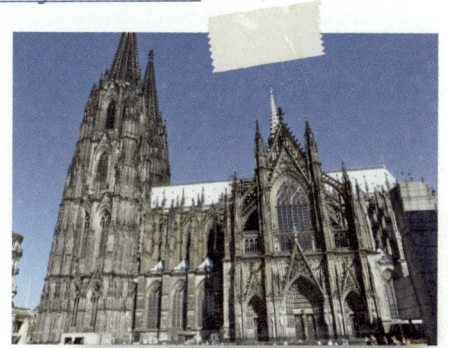

Zurück zu Hause läutet an Heiligabend um 23.30 Uhr der „Decke Pitter", das ist die größte Glocke des Kölners Doms. Um Mitternacht schließlich beginnt dann die **Christmette im Dom**. Wenn Du dabei sein möchtest, musst Du allerdings schon eine ganze Weile vorher da sein, denn der Andrang ist jedes Jahr auf's Neue logischerweise ziemlich groß! Und dann bleibt eigentlich nur noch zu rufen: „Frohe Weihnachten!", oder auch: „Jlöcksillije Chressdäch!"

s. auch „Sprachregeln", S. 254

Köln   endlich   endlich   Köln

endlich

Musik Musik

Mus

abhorsten

⭐ DJan

abhorsten abhorsten

Feiern

Feiern
Feiern

Musik
Club
DJane
Musik
Musik
Flirt-Faktor
Club
Club
Musik
Flirt-Faktor
Musik
Flirt-Faktor
Club
Flirt-Faktor Musik
Musik

Hacke, Spitze, hoch das Bein – es darf getanzt werden! Ob in Chucks oder Pumps, mit Krawatte oder Hoodie, Clubs gibt es in Köln für (fast) jeden Geschmack. Wenn Dich so schnell nichts vom Hocker auf die Tanzfläche reißen kann, hast Du die Wahl zwischen zahlreichen Bars und Kneipen. Am Mädelsabend Cocktails schlürfen, auf ein Bierchen mit dem besten Kumpel, oder ein standesgemäßes Saufgelage – Kölner Nächte sind lang! s. auch „Durst?" ab S. 92

Spätestens am Wochenende, wenn die Lebensgeister wieder erwachen und die Partycrowd durch die Straßen zieht, wirst Du der Sehnsucht nach Lichterglanz und Bassgewumme verfallen. Damit die Wahl des Outfits und der Lokalität leichter fällt, hier eine grobe Orientierung über die Ausgehlandschaft der Stadt.

Clubs & Konzerte

Das Ding (Hohenstaufenring 30-32): Kölns ultimativer Studenten- und Abiturientenclub direkt am Zülpicher Platz. Drinnen ist es rappelvoll, die Musik ist Mainstream und mitgröltauglich. Getränke kann sich hier jeder leisten, je nach Wochentag gibt es mindestens ein Flaschenbier oder einen Longdrink für unter 2 Euro. Der Club hat schon so ziemlich alles gesehen und wenigstens eine legendäre Nacht sollte jeder hier verbringen. Geöffnet Di-Sa, meist ab 22.00 Uhr. www.dingzone.de

Roonburg (Roonstr. 33): Das alte Gemäuer bietet genügend dunkle Ecken zum Knutschen – das Publikum ist jung, der Flirtfaktor hoch. Legendär ist die Schlagerparty, hier werden musikalische Schmuckstücke hervorgekramt, die man eigentlich schon verdrängt hatte. Beim Börsen Crash steht der Trinksport im Vordergrund: Die Häufigkeit der Bestellungen verändert freitags die Getränkepreise. Los geht's um 21.00 bzw. 22.00 Uhr. www.roonburg.de

Red Cat Lounge (Luxemburger Str. 60): Wer keine Lust mehr hat zu tanzen, kann im Katzenkörbchen chillen – posen gehört aber auch dazu. Sonntags bei der Afterhour wird's ab 6.00 Uhr techno- und elektrolastig, ansonsten gibt es wechselnde Partyreihen.
www.katzen-haben-sieben-leben.de

„Die Ringe" zwischen Mediapark und Friesenplatz: Für einige die ultimative Partymeile, für andere Grund genug, einen großen Bogen zu machen. Wer es geschniegelt und hochhackig mag, kann sich auf dem Hohenzollernring an eine Reihe vielversprechender Namen halten: Ob **Nachtflug**, **Starz**, **Diamonds** oder **Vanity**, das Motto lautet sehen und gesehen werden. www.nachtflug.com www.starz-club.de www.club-diamonds.de www.vanity.cc

Triple A (An der Hahnepooz 8): Das Triple ist ein Club mit gewissem Style-Potenzial. Studenten und Kinder reicher Eltern tanzen mittwochs bei der „Students Delight" gemeinsam zu House, RnB und Partyklassikern. Die Stimmung ist gut, der Laden voll.
www.triplea-club.com

Rose Club (Luxemburger Str. 37): Jung, lässig, wild – und hier hat sogar schon Nirvana gespielt. Getanzt wird immer, ob zu Indieklängen, Britpop, Punk oder Elektro-Luftgitarren inklusive. Zwischen 23.00 und 1.00 Uhr kostet das Flaschenbier meist nur 1,50 Euro. Geöffnet Di, Fr und Sa ab 23.00 Uhr. www.rose-club-cologne.de

Stereo Wonderland (Trierer Str. 65): Das Stereo liegt neben dem Rose Club und ist eigentlich eine (Mini-)Bar. Getanzt wird trotzdem und das für lau, am Wochenende sogar bis 5.00 Uhr. In chilliger Wohnzimmeratmosphäre finden regelmäßig Konzerte statt. Der Kiosk nebenan ist ein beliebter Treffpunkt für vorher, nachher oder zwischendurch. www.facebook.com/stereowonderland

Köln endlich endlich Köln
endlich

Blue Shell (Luxemburger Str. 32): Ein Urgestein aus den 80ern. Ob Partys, Konzerte oder Lesungen, es lohnt sich, das Programm im Blick zu behalten. Auch musikalischen Newcomern und Jungpoeten wird hier eine Bühne geboten. Ansonsten ist es oft rockig.
www.blue-shell.de

Underground (Vogelsanger Str. 200): Der Sonntagsanzug ist im Underground definitiv fehl am Platz. Donnerstags bis samstags und montags wird gerockt, egal ob mit 18 Jahren oder 35. Bei Partys ist der Eintritt frei, Beginn ist immer um 22.00 Uhr. Konzerte finden wöchentlich statt. Gut für Frischluftfanatiker und Hungrige: Auf dem Innenhof ist ein Biergarten mit Imbisswagen.
www.underground-cologne.de

Club Bahnhof Ehrenfeld (Bartholomäus-Schink-Str. 65/67): Angesagte Location mit entspannter Atmosphäre, die besonders bei Electrofans beliebt ist. Nebenbei wird dem Trashpop und den 90ern gehuldigt, ein gutes Kulturprogramm gibt es auch. www.cbe-cologne.de

Werkstatt (Grüner Weg 1B): Geschraubt wird hier nur an den Turntables, das aber auf zwei Etagen: Während oben vor allem Pop, Indie und Electro gespielt wird, läuft unten alles von den 60/70ern über Soul bis Funk. Eine beliebte Partyreihe ist „Don't tell dad". Die Schicht beginnt ab 23.00 Uhr, für 6 Euro bist Du dabei.
www.werkstatt-koeln.de

Live Music Hall (Lichtstr. 30): Das Partyprogramm der LMH ist übersichtlich: Am ersten Freitag des Monats ist 80/90er-Party, an allen folgenden steigt die Poplife. Samstags bietet der Rockgarden

Hardcore- und Metalfans Platz zum Pogen. Die schlichte, große Halle und die Freibieraktionen locken vor allem junges Publikum. Konzerte gibt es en masse. www.livemusichall.de

Bootshaus (Auenweg 173): Das Bootshaus liegt etwas außerhalb am Deutzer Rheinufer. Ca.15 Minuten Fußweg vom Bahnhof Deutz musst Du in Kauf nehmen, um hier zu feiern. Einmal angekommen kannst Du ausgelassen zu House, Electro und Techno abgehen. Die Eintritts- und Getränkepreise sind nicht gerade günstig, dafür gibt es oft große Line Ups. Auf der durchgeknallten Loonyland-Party triffst Du allerhand Paradiesvögel. www.bootshaus.tv

Die Halle Tor 2 (Girlitzweg 30): Die Halle liegt auch abseits der typischen Partyviertel. Hin kommst Du mit der S12 (Haltestelle Müngersdorf/Technologiepark), rein, wenn Du Dich an den Dresscode hältst: Gepflegt und ordentlich soll es aussehen, mit Tischreservierung kann vor dem Tanzen auch gespeist werden. Gute Partys sind der Candy Shop und die Coconut (Ü25). www.diehalletor2.de

Blue-Lounge Tanzbar (Mathiasstr. 4-6): Die Blue ist insbesondere eine Ausgehmöglichkeit für Frauen, ganz egal ob homo- oder heterosexuell. Auch Männer sind willkommen, aber eher Mangelware. Der Eintritt ist fast immer frei, der Mindestverzehr liegt bei 5 Euro. Ein kleiner Laden mit Liebe zum Detail, manchmal etwas stickig. www.blue-lounge.com

Wer grundsätzlich im Glanz der Regenbogenflagge ausgehen will, sollte sich Richtung Schaafenstraße orientieren.

Klapsmühle (Hohenzollernring 39-41): Wenn Du Dich hier selbst einweist, stehst Du entweder auf Schlager- und Ballermannmusik, oder Du bist auf einem Junggesellenabschied. Am Wild Monday ist von 21.00 bis 23.00 Uhr Freibierparty, mittwochs kosten alle offenen Getränke 50 Cent. www.klapsmuehle.com/koeln

Köln endlich endlich Köln
endlich

Partys

Studenten-Partys

Das erste Mal als Student den Campus rocken kannst Du auf der **Semesteranfangsparty** Le Debut. Die legendäre Party war früher über die Stadtgrenzen hinaus bekannt und fand auf sechs Floors in der Uni Mensa statt. Seit 2012 wird die Veranstaltung nicht mehr vom AStA organisiert. Zwei Mal wurde seitdem mit neuem Konzept im Bootshaus gefeiert. Wo es in Zukunft weitergeht, erfährst Du hier: www.facebook.com/ledebut.party

Den Rest des Semesters über gibt es **Fachschaftspartys** wie Sand am Meer, einige davon finden im AStA-Café (Universitätsstr. 16B) statt. Berühmt-berüchtigt ist bspw. die Geo-Party. Die Kölner Sporthochschule schmeißt ihre wohl bekannteste Party an Weiberfastnacht (natürlich kostümiert!). Traditionell ist die schon Wochen vorher ausverkauft. www.dshs-koeln.de

Andere Partys

Für den kleinen Geldbeutel: Es geht auch ohne Eintritt, Boxen und Lichteffekte. Ein beliebter Szenetreffpunkt, zum Freunde sehen und Kiosk-Bier trinken, ist der **Brüsseler Platz**. Sobald die Temperaturen es erlauben, versammeln sich hier Scharen von jungen Leuten. Was für die einen die perfekte Sommernacht ist, ist für die anderen leider ein echtes Problem: Seit Jahren läuft ein erbitterter Kampf zwischen Anwohnern und Nachtschwärmern bzgl. Nachtruhe und Müll. Die Stadt hat verschiedene Konzepte zur Lösung gesucht, aktuell muss der Platz ab spätestens 24.00 Uhr geräumt sein.

Wenn Du lieber ganz privat feiern willst, kannst Du natürlich auch einen Raum mieten. Es lohnt sich bei Sportvereinen, Kleingartenanlagen oder Kirchengemeinden anzufragen, oft werden Räumlichkei-

ten zu relativ günstigen Konditionen zur Verfügung gestellt. Wenn ein eigener Partyraum zu teuer ist, kannst Du in vielen Bars gegen einen Mindestverzehr einen Bereich reservieren. Das geht u.a. in der **Wohngemeinschaft** (Richard-Wagner-Str. 3), im **ZwoEins** (Hochstadenstr. 21) oder im **de.lite** (Moltkestr. 74).

Heißhunger und Nachdurst

Was wäre eine durchgefeierte Nacht ohne die obligatorische Fressattacke in den frühen Morgenstunden? Und auch wenn es nicht Dein knurrender Magen ist, der Dich durch das Morgengrauen treibt, so ein kleines Frühstück vor dem Frühstück hat noch niemandem geschadet …

Im Filos (Merowingerstr. 42) gilt freitags und samstags bis 24.00 Uhr die Abendkarte, insbesondere mit einem leckeren Angebot an Tapas – vegetarische und vegane Kleinigkeiten sind auch dabei. www.filoskoeln.de

Bis 1.00 Uhr bekommst Du Currywurst vom Feinsten bei **Culux** (Rudolfplatz 7). Burger und Pommes in vier Varianten gibt es ebenfalls. www.culux.de

Heißgeliebt von Gyros-Pita-Fans wird der Imbiss **Ferkulum** (Zülpicher Str. 37). Freitags und samstags dreht der Spieß sich hier bis 4.00 Uhr, wer warten muss, schaut derweil Schweinebilder.

Zum Schnellrestaurant **Nehring** (Zülpicher Platz 4) schaffst Du es auch noch, wenn die Straßenbahn bereits naht. In direkter Nähe zur Haltestelle werden am Wochenende, bis 5.00 Uhr morgens, Pommes & Co. gebrutzelt. www.schnellrestaurant-nehring.de

Eine von Kölns besten Pizzen bekommst Du in der **Pizzaria Pinocchio** (Aachener Str. 72) bis 0:30 Uhr. www.pinocchio-suedstadt.de

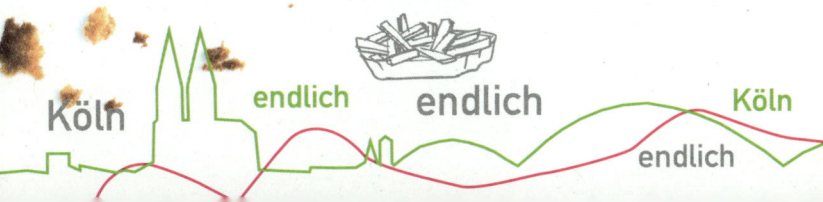

Köln endlich endlich Köln

endlich

Arslan Kebap (Ehrenfeldgürtel 79) ist an der Ecke zur Venloer Straße gleich zweimal vertreten. Der große Laden bietet genügend Sitzplätze und ein leckeres Angebot von Lahmacun, über Salat bis zu Türkischer Linsensuppe. Am Wochenende bis 5.00 Uhr geöffnet. Einen schnellen Döner serviert der kleinere Laden auch bis 6.00 Uhr.

Eine fast schon himmlische libanesische Falafel kannst Du bis 3.00 Uhr bei **Habibi** (Zülpicher Str. 28) genießen.

Zur selben Zeit öffnet samstags und sonntags die SB-Bäckerei **Backofen,** direkt am Barbarossaplatz.

Für alle die ohne einen Besuch beim **großen gelben M** nicht schlafen können, hat die bekannte Fastfoodkette fast rund um die Uhr geöffnet (Barbarossaplatz, Venloer Straße, Rudolfplatz, HBF usw.).

Der Weg nach Hause

Jede noch so legendäre Nacht geht einmal zu Ende. Je nachdem, wo in Köln Du wohnst, kann es aber eine Weile dauern, bis Du Dich ins Bett kuscheln kannst. Wichtigste Aufgabe bis dahin: Wach bleiben! Schon so mancher hat sich in die Straßenbahn gesetzt und ist dann selig schlummernd bis ans andere Ende der Stadt gefahren.

Öffentliche Verkehrsmittel

Mit der **KVB** (Kölner-Verkehrs-Betriebe) gehts oft am Schnellsten. Damit Du keine Odyssee erlebst, gilt es einiges zu beachten: In den Nächten von Freitag auf Samstag und von Samstag auf Sonntag sowie vor Feiertagen fahren viele Bahnen im Kölner Stadtgebiet ab 23.00 Uhr im 30-Minuten-Takt. An den Haltestellen Neumarkt, Ebertplatz und Barbarossaplatz gilt dann der **Rendezvous-Verkehr.** Wer umsteigen muss, sollte das am Besten hier tun, da die Bahnen aus verschiedenen Richtungen in etwa zeitgleich eintreffen.

Das Weg-Bier solltest Du allerdings schon vorher ausgetrunken haben, denn seit September 2013 gilt ein verschärftes Alkohol-Verbot an den Haltestellen und in den Zügen der KVB. Auch geöffnete Flaschen sind tabu!

Wer abends oder nachts Bus fährt muss seine Fahrkarte griffbereit haben und ab 21.00 Uhr an der vorderen Tür einsteigen. Die Linie 132 ist die einzige, die zwischen 1.00 Uhr und 4.00 Uhr noch stündlich ihre Runden dreht.

Genaue Fahrplanauskünfte bekommst Du unter 01803/50 40 30 (9 Cent/Min. Telekom Festnetz) oder www.kvb-koeln.de

--> Fahrplan & mehr
--> Rendevousverkehr/Nachtfahrpläne

Taxi

Alle, die genug Geld haben oder zu betrunken sind, um sich an ihren Kontostand zu erinnern, fahren mit dem Taxi nach Hause. Z.B. unter 0221/2882 oder www.taxiruf.de kannst Du Dir eins bestellen. Du kannst aber auch einfach ein Taxi anhalten oder direkt zu den Taxiständen gehen. Die wichtigsten sind an der **Torburg am Zülpicher Platz**, am **Friesenplatz**, im **Mediapark** und auf der **Venloer Straße** am Heliosgelände.

Fahrrad

Hartgesottene fahren auch um 4.00 Uhr früh noch mit dem Rad nach Hause. Selbst wenn Du nüchtern genug bist, solltest Du aber aufpassen. Denn Köln ist schon bei Tage keine besonders fahrradfreundliche Stadt, nachts ist es aber noch schlimmer: Glasscherben auf den Wegen, Autos nehmen Dir die Vorfahrt und Betrunkene tänzeln Dir vors Rad. In manchen Veedeln ist die nächtliche An- und Abreise per Drahtesel trotzdem sehr beliebt, bspw. in Ehrenfeld oder im Belgischen Viertel.

Köln endlich endlich Köln
endlich

Kirche

Kirche Kirche

aus

geschlossen

aus

brunchen

Kühlschrank leer les

brunchen

Sonntage

Sonntage

Sonntage

Kühlschrank leer

lossen.

chlaKirche

hbrunchen

brunchen

eschlossen

geschlosser

Kühlschrank leer   Kühlschrank leer

ühlschr   Kühlschrank leer

Kirche

Stell Dir vor, es ist Sonntag. Dein absoluter Lieblingstag in der Woche. Kein Wecker klingelt. Die warmen Sonnenstrahlen, die durch Dein Fenster scheinen, kitzeln Dich sanft wach. Nur Dein Schädel brummt noch ein bisschen vom Vorabend. Aber das macht nichts; denn heute hast Du sowieso nichts vor – außer das süße Leben in Deiner neuen Heimat zu genießen. Wäre da nicht eine Kleinigkeit ...

... Notfalleinkauf!

Wer kennt das nicht? Man hat sich gerade aus dem Bett geräkelt und freut sich auf einen faulen Tag – und dann plötzlich das böse Erwachen: Du hast den Einkauf vergessen! Nichts zu essen im Kühlschrank und das Toilettenpapier ist auch noch leer. Zum Glück lässt Dich Köln auch in diesem Schlamassel nicht im Stich!

Im **Hauptbahnhof** kannst Du auch sonntags in aller Ruhe Deine Einkäufe erledigen. Lebensmittel gibt es dort z.B. im REWE to go (rund um die Uhr geöffnet), bei Yorma's (7.00-22.00 Uhr) und im Betterlife-Reformhaus (8.00-22.00 Uhr). Fehlende Hygiene-Produkte bekommst Du z.B. im Rossmann Express (8.00-22.00 Uhr). www.einkaufsbahnhof.de --> köln

Willst Du beim Notfalleinkauf auch noch etwas internationale Luft schnuppern, kannst Du auch im **REWE** am Flughafen Köln/Bonn rund um die Uhr shoppen gehen.

Einkaufen wie bei Tante Emma kannst Du sonntags im **Leckerchen** (Salierring 43) von 10.00-15.00 Uhr. Hier gibt es Lebensmittel und sonstige wichtige Alltagsprodukte.

Natürlich wimmelt es in Köln auch nur so von Kiosken und Tankstellen, in denen Du die nötigsten Produkte findest. Am Kiosk kann das sehr charmant werden, die Tanke bietet eher unangenehmen

Benzin-Geruch. In beiden Fällen musst Du für die nötigen, kleinen Dinge aber etwas mehr hinlegen.

Sonntag ist Brunchtag!

Wie lässt sich der Sonntag besser starten als mit einem leckeren, ausgedehnten Brunch? Keine Frage: Die Mischung aus Frühstück und Mittagessen ist längst Kult. Da ist es klar, dass es auch in Köln etliche Möglichkeiten dafür gibt – und zwar für jedes Portemonnaie.

Eines der preiswertesten Brunch-Buffets gibt es im **Sasan** (Hohenstaufenring 25-27, 10.00-15.00 Uhr) für unschlagbare 5,90 Euro. Die Highlights des Buffets aus verschiedenen kalten und warmen Speisen sind die frischen Waffeln und der Schokoladenbrunnen. www.mysasan.com

Ein wenig teurer, aber immer noch erschwinglich ist der Brunch im **Café Extrablatt** (Eigelstein, 9.30-13.00 Uhr) für 9,95 Euro. Da sind dafür Milch und Orangensaft schon inklusive. Besonders lecker sind die mediterranen Antipasti. Übrigens gibt es das Extrablatt auch noch einmal am Alten Markt. Dort hat man den Preis allerdings den Touris angepasst. www.cafe-extrablatt.com --> köln

Für 10,80 Euro gibt es im **Filos** (Merowingerstr. 42, 10.00-15.00 Uhr) ein wechselndes, reichhaltiges Buffet mit kalten Platten, Salaten, einem warmen Gericht und einer Dessertauswahl. Bei schönem Wetter lässt sich das Essen am schönsten draußen verputzen. www.filoskoeln.de

Beliebt bei jungen Familien ist der Brunch im **Altenberger Hof** (Mauenheimer Str. 92, 10.00-14.00 Uhr). Für 12,50 Euro gibt es ein großes Buffet mit vielen leckeren Salaten, verführerischen Süßspeisen und einem warmen Gericht.

Köln endlich endlich Köln

endlich

Im kleinen **Jabukowski** (Mülheimer Freiheit 54, 10.00-15.00 Uhr) bekommst Du für 13,50 Euro unbegrenzten Zugriff auf ein Brunch-buffet mit Suppe, einem fleischhaltigen und einem vegetarischen Gericht, Antipasti und allem, was zu einem ordentlichen Frühstück gehört. Die Atmosphäre ist gemütlich, aber wenn viel los ist, wird's eng. www.jakubowski-koeln.de

Ökologisch bewusste Genießer brunchen im **Café Vreiheit** (Wallstr. 91, 10.00-15.00 Uhr). In dem gemütlichen Mülheimer Café kannst Du Dich für 14,90 Euro am liebevoll zubereiteten Buffet bedienen. Hier werden sogar die Brötchen noch selbst gebacken und fast alle Speisen haben Bio-Qualität. Mit gutem Gewissen schmeckt das Essen doppelt so gut. www.cafe-vreiheit.de

Noch mehr Bio-Köstlichkeiten gibt es im **Café Lichtenberg** (Rich-modstr. 13, 10.00-14.30 Uhr). Für 15,90 Euro bekommst Du hier Suppe, Salate, warme Hauptspeisen, Brötchen, Rührei, Rohkost, Süßspeisen, Müsli, Obstsalat und, und, und. Als i-Tüpfelchen beglei-ten wechselnde Künstler den Gaumenschmaus auch noch live mit Musik. www.cafelichtenberg.de

In schicker Atmosphäre lässt es sich im **Consilium** (Rathausplatz 1, 11.00-16.00 Uhr) für 19,50 Euro brunchen. Dafür gibt es drei bis vier warme Gerichte, Vorspeisen, Salate und ein reichhaltiges Früh-stücksangebot. Romantik-Faktor: Aufgrund der direkten Nachbar-schaft zum Rathaus kann es passieren, dass am Nebentisch ein frisch getrautes Ehepaar sitzt. www.consiliumkoeln.com

Für den ganz besonderen Anlass solltest Du die **Brasserie Fou** (Johannisstr. 76-80, 12.30-15.30 Uhr) im Marriot Hotel aufsuchen. Das reichhaltige Buffet lässt wirklich keine Wünsche offen: Von hochwertigen warmen Gerichten, über Austern, Sushi, raffinierte Salate bis hin zu süßen Köstlichkeiten findest Du hier alles, was das Herz begehrt. Das Ganze hat natürlich seinen Preis. Stolze 42 Euro

kostet der Luxusbrunch. Dafür sind aber auch alle Getränke, außer Spirituosen, inklusive – sogar Wein und Sekt! Kinder sind hier übrigens besonders gut aufgehoben: Für sie gibt es nicht nur eine spezielle Buffetauswahl, sondern auch ein unterhaltsames Betreuungsprogramm. So können die Erwachsenen in aller Ruhe schlemmen.

Am Sonntag in die Kirche

Katholische Kirchen

Traditionell ist das Erzbistum Köln streng katholisch. Auch heute sind die meisten Kölner noch Katholiken. An der heiligen Messe nehmen allerdings die wenigsten teil, obwohl sie in Kölns unzähligen Kirchen ausreichend Gelegenheit dazu hätten. Wenn Du gerne mal in eine kölsch-katholische Messe reinschnuppern möchtest, bietet sich am Sonntag z.B. ein Besuch in **St. Agnes** (11.15 Uhr), **St. Aposteln** (11.30 Uhr), **St. Gereon** (10.00 oder 11.30 Uhr), **Groß St. Martin** (11.00 Uhr), **St. Maria im Kapitol** (10.30 Uhr), **St. Pantaleon** (10.00 oder 11.00 Uhr) oder **St. Ursula** (10.00 Uhr) an. Natürlich finden auch im **Kölner Dom** zahlreiche Messen statt.

Groß St. Martin

Aktuelle Messezeiten im Dom: www.koelner-dom.de

Evangelische Kirchen

Falls Du evangelisch bist, ist die Auswahl in Köln leider deutlich kleiner. Evangelische Gottesdienste werden z.B. in der **Antoniter-**

kirche (10.00 Uhr), in der **Thomaskirche** (10.00 Uhr) und in der
Christuskirche (11.30 Uhr) abgehalten.

Andere Gotteshäuser

Die **Zentralmoschee** in Ehrenfeld entpuppt sich zu einem Dauer-
bauprojekt, soll aber 2014 eröffnet werden. Bis dahin müssen Kölner Muslime auf kleinere Moscheen in verschiedenen Stadtteilen
zurückgreifen. Eine **Synagoge** findest Du zentral in der Roonstraße.
Für einen **Hindu-Tempel** musst Du bis nach Mülheim fahren (Neu-
rather Weg 11).

Sonntagsspaziergang

Auch wenn Du kein Kirchgänger bist, hast du vermutlich nichts
gegen folgende christliche Tradition: die Sonntagsruhe. Und wie
ließe die sich besser zelebrieren als mit einem gemächlichen Sonntagsspaziergang?

Nichts bietet sich in Köln besser für einen Spaziergang durchs Grüne an als die **Flora** (Amsterdamer Str. 34). Im Botanischen Garten
kannst Du nicht nur saisonal wechselnde, blühende Blumenbeete,
sondern auch beeindruckende alte Bäume, große Teiche mit dicken
Fischen, Fröschen und Reihern sowie Gewächshäuser mit exoti-
schen Pflanzen aus aller Welt bewundern. Und das alles kostenlos.
Die Flora öffnet ihre Tore morgens um 8.00 Uhr und bleibt bis zur
Dämmerung geöffnet. Die Gewächshäuser sind von Oktober bis
März von 10.00 bis 16.00 Uhr, im Sommerhalbjahr sogar von 10.00
bis 18.00 Uhr zugänglich. Deinen vierbeinigen Freund und Dein
Fahrrad musst Du bei einem Florabesuch aber leider zu Hause las-
sen. www.freundeskreis-flora-koeln.de

Wenn Du während Deines Sonntagsspaziergangs auch etwas Kultur
schnuppern willst, solltest Du im **Skulpturenpark** vorbeischauen

(Eingänge: Riehler Str. und Konrad-Adenauer-Ufer). Hier kannst Du gemütlich durch den kleinen Park schlendern und völlig kostenlos moderne Kunst bestaunen. Nach der vermutlich eher geistigen als körperlichen Anstrengung kannst Du Dich im Parkcafé in einen Liegestuhl flegeln und Limonade schlürfen. Der Skulpturenpark hat von April bis September von 10.30 Uhr bis 19.00 Uhr und von Oktober bis März von 10.30 Uhr bis 17.00 Uhr geöffnet.

Rund um die Uhr kannst Du natürlich am **Rheinufer** spazieren gehen. Abseits der von Touris übervölkerten Promenade vor der Altstadt findest Du viele grüne Ecken am Rhein.

Auf der schäl Sick (rechtsrheinische Seite von Köln) bieten sich natürlich der schöne **Rheinpark** und der angrenzende **Jugendpark** für einen Sonntagsspaziergang an. Weiter südlich kannst Du durch die **Poller Wiesen** bis zur Deutzer Drehbrücke wandeln und dabei einen herrlichen Blick auf den Rheinauhafen genießen. Wenn

Poller Wiesen

Du Dich lieber linksrheinisch bewegst, solltest Du Dich ruhig ein bisschen in die Außenbezirke wagen. Im Süden ist die **Uferpromenade in Rodenkirchen** empfehlenswert. Im Norden sind die **Riehler Aue** und weiter außerhalb der **Langeler Damm** grüne Oasen, die einen Ausflug wert sind.

Aber auch mitten in der Stadt hat Köln immer wieder grüne Fleckchen. Etliche Parks bieten die Gelegenheit für einen gemütlichen Sonntagsspaziergang. Und durch den **Grüngürtel** kannst du quasi einmal halb Köln umrunden. Ein beliebter Treffpunkt für Studenten innerhalb des Grüngürtels ist der **Aachener Weiher**. Einen etwas

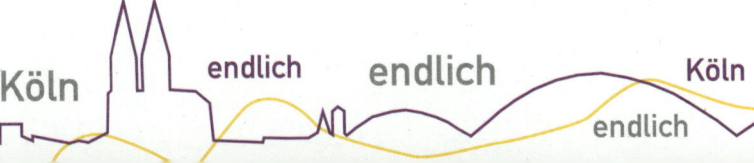

Köln endlich endlich Köln

endlich

schöneren Tümpel, auf dem Du auch Boot fahren kannst, findest Du im **Volksgarten** in der Südstadt. Noch ein Stückchen weiter südlich befindet sich der **Vorgebirgspark**.

In Braunsfeld bietet Dir der **Stadtwald** die Gelegenheit, Dir die Füße im Grünen zu vertreten. Hoch im Norden lockt der **Fühlinger See** nicht nur mit ausgiebigen Spaziermöglichkeiten, sondern auch mit Bootsverleih, Sandstrand und Hochseilgarten. Rechtsrheinisch ist vor allem der riesige **Königsforst**, der tatsächlich den Namen StadtWALD verdient hätte, eine Erkundung zu Fuß wert.

Ausflüge um die Ecke

Spätestens wenn Du bereits alle Parks in Köln durchforstet hast, wird es Zeit, sich auch einmal aus der Stadt zu wagen und die Umgebung von Köln zu entdecken. Oftmals brauchst Du dafür nicht einmal ein Auto.

Zons

Tatsächlich direkt um die Ecke von Köln (ca. 25 km nördlich) befindet sich das kleine mittelalterliche Städtchen Zons, das zu Dormagen gehört. Die ehemalige kurkölnische Zollfeste eignet sich für einen entspannten Sonntag im Grünen mit etwas kulturellem Input. Denn Zons ist nicht nur einen Sonntagsbesuch wert, weil Du von dort aus prima einen schönen Spaziergang am Rhein zwischen rauschenden Pappeln starten kannst, sondern auch weil das im 14. Jahrhundert gegründete Städtchen sehr gut erhalten ist und somit eine Reihe historischer Sehenswürdigkeiten bietet.

Wenn Dich während Deines Ausflugs der Hunger packt, steigst Du am besten auf die Fähre und schipperst ins gegenüberliegende Urdenbach. Nur wenige Meter vom Rhein entfernt lockt der Landgasthof **Haus Anleger** (Am Ausleger 4) mit leckeren, frischen Som-

mergerichten. Übrigens kannst Du Deinen Tagesausflug nach Zons auch wunderbar mit dem Rad unternehmen. www.dormagen.de

Königswinter

Na gut, zugegeben: Königswinter ist kein Geheimtipp. Aber ein Ausflug hierhin macht trotzdem Laune. Wahre Heerscharen von Tageausflüglern und Touris können schließlich nicht irren. Wer will, kann schon seine Anreise außergewöhnlich gestalten, indem er mit einem **KD-Schiff** gemütlich auf dem Rhein entlang schippert. www.k-d.com

Aber auch mit der Bahn ist Königswinter für autolose Kölner problemlos zu erreichen. Die Stadt selbst bietet Besuchern eine schöne Rheinpromenade und ein Sea Life-Aquarium.
www.visitsealife.com --> königswinter

Besonders attraktiv macht Königswinter allerdings vor allem, dass es am Fuße des Siebengebirges liegt und sich prima als Ausgangspunkt für einen Aufstieg auf den Drachenfels eignet. Traditionell bestieg man den nur 321 m hohen Berg auf einem Esel. Heute müssen die Esel nur noch Kinder tragen. Wenn Du nicht mehr als Kind durchgehst, Dir aber der Aufstieg zu Fuß zu beschwerlich ist, gibt es eine andere Lösung: Du kannst auch die **Drachenfelsbahn**, die älteste Zahnradbahn Deutschlands, benutzen. Etwa auf halber Höhe des Berges wartet die Drachenburg auf Dich. Und auf dem Gipfel kannst Du auf der Ruine der Burg Drachenfels herumklettern und wirst mit einem großartigen Ausblick belohnt.

Eifel

Die Eifel ist Natur pur. Seit 2004 ist ein Teil der Nordeifel sogar Nationalpark. Die „Wildnis" beginnt etwa 65 km südwestlich von Köln. Die Nationalparktore in Heimbach, Gemünd und Nideggen kannst Du bequem mit der Bahn erreichen. In der Eifel hat also

sogar die Natur Infrastruktur. Genau das Richtige für den naturlie-
benden Stadtmenschen. Im Nationalpark kannst Du z.B. eine von
einem Ranger geführte Wanderung mitmachen, die Natur auf etlichen Wanderwegen zu Fuß oder mit dem Fahrrad auf eigene Faust
erkunden oder eine Schiffstour auf dem Rursee unternehmen.
www.nationalpark-eifel.de

Auch außerhalb des Nationalparks gibt es in der Eifel einiges zu
entdecken. Alleine auf dem 313 km langen **Eifelsteig** zwischen
Aachen und Trier kannst Du über 2 Wochen non-stop durchwan-
dern, wenn Dir danach ist. Aber auch die vielen netten Ortschaften
in der Eifel, wie Monschau und Bad Münstereifel, sind einen Ausflug wert. www.eifelsteig.de

Bergisches Land

Nordöstlich von Köln liegt das Bergische. Zwar ist es hier recht
hügelig, mit hohen Bergen solltest Du aber nicht rechnen. Tatsächlich verdankt die Region ihren Namen nämlich nicht ihrer geogra-
fischen Beschaffenheit, sondern ihrem ehemaligen Landesfürsten,
dem Grafen von Berg. Ähnlich wie in der Eifel kannst Du im Bergischen wunderbar wandern gehen. Schöne Ausgangsorte dafür sind
z.B. **Lindlar** (ca. 30 km von Köln entfernt), wo es auch ein vor allem
für Kinder interessantes Freilichtmuseum gibt, und der Kurort
Nümbrecht (ca. 50 km von Köln).

Auch Geschichts- und Architekturfans haben im Bergischen einiges
zu entdecken. Beliebte Ausflugsziele sind z.B. **Schloss Homburg**,
Schloss Burg oder die **Müngstener Brücke**, die höchste Eisenbahn-
brücke Europas. Unterhalb der Brücke fließt die **Wupper**, auf der Du
herrliche Kanutouren unternehmen kannst. Wenn Du es gerne süß
magst, solltest Du als Stärkung zwischendurch unbedingt die Bergischen Waffeln mit heißen Kirschen und Sahne probieren. Entspannung pur findest Du im Bergischen Land im Wellnessbad

Mediterana (Saaler Mühle 1, Bergisch Gladbach-Bensberg). Nach Bensberg, wo das Wellnessbad mit gigantischer Saunalandschaft liegt, gelangst Du sogar mit der KVB. www.mediterana.de

Freizeitpark-Action

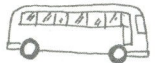

Wenn Du weniger der Naturmensch bist, sondern auch sonntags etwas Action suchst, bist Du im **Phantasialand** in Brühl richtig aufgehoben. Denn in diesem Freizeitpark kommen auch Erwachsene auf ihre Kosten. Attraktionen wie die Black Mamba, der Talocan und das Mystery Castle sorgen auch bei Besuchern über 1,50 m Körpergröße für Nervenkitzel. Der Eintrittspreis ist zwar mit 39,50 Euro recht happig, aber für Achterbahnfans und Co. lohnt sich das trotzdem. Geburtstagskinder jedes Alters bekommen übrigens freien Eintritt. Den Freizeitpark kannst Du auch leicht mit der KVB und dem Phantasialand-Shuttlebus ab Brühl-Mitte erreichen.
www.phantasialand.de

Tatort gucken

Du gehörst zu den Menschen, die jeden Sonntagabend eine feste Verabredung mit der ARD haben? Was hältst Du dann von Rudel-Tatort-Gucken in Kombination mit einem leckeren Kölsch? Hier sind ein paar Kneipen, wo das möglich ist:

Im **Stauss** (Berrenratherstr. 244) hat neben dem Fußball auch der Tatort Tradition.

In der schön unkonventionellen **Vorstadtprinzessin** (Trimbornstr. 27) in Kalk kannst Du während des Tatort-Schauens auf Großleinwand auch noch einen leckeren Veggie-Burger verspeisen.
www.vorstadtprinzessin.de

Cocktails schlürfen, während Ballauf und Schenk ermitteln, geht in der **Ehrenfeldbar** (Keplerstr. 15). www.ehrenfeldbar.de

Köln endlich endlich Köln
endlich

Eltern

Touris

Sightseeing

Touris

Touris

Sigkts

aufräumen

auf

aufräumer

aufraumen

aufräumen

Sig

Besuch
Besuch

Besuch?
Tourikram

Tourikram ...

Besuch
Tourikram ...

eing
htseeing
Eltern
en
Eltern
lich
ris
tseeing

endlich

sightseeing

Tourist Information

Kölner lieben ihre Stadt und erklären sie gerne auch mal übermütig zur „schönsten Stadt der Welt". Und da die Kölner so stolz auf ihre Heimat sind, empfangen sie auch liebend gern Besuch aus allen Herren Länder, um ihn von der Schönheit der Rheinmetropole zu überzeugen. Dass jemand vielleicht die große Begeisterung für Köln nicht teilt, kommt dem Kölner gar nicht in den Sinn. Die Botschaft, die jeder Kölner in die Welt hinaustragen will, lautet: Vergesst New York, Paris oder London – der Nabel der Welt liegt in „Kölle am Rhing". Für Dich als „Immi" ist es also die ehrwürdige Pflicht, so viele Verwandte, Freunde und entfernte Bekannte wie möglich in Deinen neuen Wohnort einzuladen, um diese Erkenntnis zu verbreiten.

Wenn Du Dich dieser verantwortungsvollen Aufgabe noch nicht ganz gewachsen siehst, ist das kein Grund, jetzt in Panik zu geraten. Denn in diesem Kapitel verraten wir Dir einige ultimative Touri-Aktivitäten, die bestimmt dafür sorgen, dass Dein Besuch den ausgeprägten Lokalpatriotismus der Kölner zumindest ein bisschen nachvollziehen kann.

Tourikram

Die Nummer 1 auf der Touri-Hitliste ist natürlich – wie könnte es anders sein? – der **Kölner Dom**. Das gotische Bauwerk der Superlative (drittgrößte Kirche der Welt) ist der ganze Stolz des Kölners. Jeder wahre Lokalpatriot hat den Dom im Wohnzimmer hängen, auf die Brust tätowiert, als Sticker am Auto oder zumindest als Titelbild bei Facebook. Nicht nur deshalb, sondern auch, weil er genau mittendrin, direkt am

Kirche
aufräumen
Eltern
Sightseeing
Besuch
//175

Hauptbahnhof liegt, eignet er sich ausgezeichnet als Startpunkt für die ultimative Stadttour an. Die 157 m hohen Türme haben, wenn man direkt davor steht, eine überwältigende Wirkung.

Beim Bestaunen dürft Ihr euch von den Gerüsten nicht stören lassen. Irgendeins findet man immer am Dom. Offiziell wurde der Dom zwar 1880 fertiggestellt, aber in Wahrheit wird ununterbrochen weiter daran gebaut. Das ist auch gut so. Die Kölner glauben nämlich fest daran, dass die Welt untergeht, wenn der Dom einmal ganz

fertig ist. Und das will ja keiner. Tatsächlich hat es unglaubliche 632 Jahre gedauert, bis die Pläne des Dombaumeisters Gerhard in die Tat umgesetzt waren. Die schnellsten sind sie eben nicht, die Kölner. Dafür kann sich das Ergebnis aber sehen lassen. Das sieht auch die UNESCO so und hat den Dom 1996 zum Weltkulturerbe erklärt.

Auch wenn Du Protestant, Muslim, Buddhist oder gar Atheist bist, solltest Du Deinen Besuch unbedingt durch den prachtvollen Dom führen. Am meisten beeindrucken das farbenfrohe Fenster des Kölner Künstlers Gerhard Richter und der goldene Schrein in dem die Reliquien der Heiligen Drei Könige liegen sollen. Eine fast schon sportliche Herausforderung besteht darin, den **Südturm** zu besteigen. Es lohnt sich nicht nur wegen des Ausblicks die 533 Treppenstufen zu überwinden, sondern auch, weil man auf dem Weg am Decken Pitter vorbeikommt, der größten frei schwingenden Glocke der Welt.

Nachdem ihr dann schon vor, im und auf dem Dom wart, könnt ihr auch noch unter den Dom gehen. Denn dort befindet sich die **Dom-**

schatzkammer mit den kostbaren Kirchenschätzen. Auch um den Dom herum gibt es etliches zu entdecken: Vor der Westfassade findest Du z.B. eine Nachbildung des römischen Nordtores. Das Original und noch viel mehr schöne, alte Steine (z.B. das berühmte Dionysosmosaik) gibt es im **Römisch-Germanischen Museum** (Hausnummer 4), direkt am Roncalliplatz. Neben dem Museum führt außerdem noch ein Stück der sogenannten römischen Hafenstraße Richtung Rhein. Wie kommt das ganze römische Zeug dahin? Es sind Überreste der Stadt Colonia Claudia Ara Agrippinensium, die von den Römern im Jahre 50 nach Christus, gegründet wurde.

Wenn Du Dich vom Dom aus über den Roncalliplatz gen Altstadt bewegst gelangst Du geradewegs zum **Heinzelmännchenbrunnen** (Am Hof) von Edmund und Heinrich Renard. Mit diesem hübschen Brunnen gedenken die Kölner der liebenswerten kleinen Männlein, die ihnen einst die ganze Arbeit abnahmen. Falls Du Dich jetzt fragst, warum Du als Neukölner

immer noch selbst putzen, waschen und kochen musst, dann bedanke Dich bei der fiesen Schneidersfrau, die den armen Heinzelmännchen mit Erbsen eine Falle stellte und sie damit vergraulte.

Ebenfalls direkt beim Dom, hinter dem Römisch-Germanischen-Museum, liegt das **Museum Ludwig** (Heinrich-Böll-Platz), ein Mekka für jeden Liebhaber moderner Kunst. Im gleichen Baukomplex befindet sich auch die **Philharmonie**.

Bevor ihr von hier aus am Rhein entlang in die Altstadt flaniert, macht am besten noch einen kurzen Abstecher auf die **Hohenzollernbrücke**. Dort haben sich die Kölner in den letzten Jahren kurzerhand selbst eine Sehenswürdigkeit à la Firenze geschaffen: An der Brücke hängen grob geschätzt 103 Millionen Liebesschlösser,

angebracht von verliebten Pärchen. Man könnte Köln, in Anbetracht dieser öffentlichen Liebesbekundungen, gar als die neue „Stadt der Liebe" bezeichnen. Inzwischen weichen die Liebenden aus Platzmangel nämlich schon auf andere Brücken aus.

Vom Rheinufer aus habt ihr einen schönen Blick auf die bunten **Stapelhäuser** und **Groß St. Martin** (Martinspförtchen 8). Groß St. Martin ist übrigens eine von zwölf romanischen Kirchen in Köln, die allesamt ziemlich sehenswert sind – vor allem St. Gereon, St. Pantaleon und St. Maria im Kapitol. Für fromme und architektonisch interessierte Touristen ist also volles Programm angesagt.

Die Namen der engen Gässchen und kleinen Plätzchen in der Altstadt zeugen dann aber auch von einer anderen, weltlicheren Seite des mittelalterlichen Köln: Buttermarkt, Salzgasse oder Fischmarkt. Heute suchst Du hier vergeblich nach solchen Einkaufsmöglichkeiten. Dafür kannst Du aber in unzähligen Touri-Restaurants essen gehen. Da man aber auch nicht zwangsläufig jedes Touri-Erlebnis mitmachen muss, steuerst Du stattdessen besser auf das **Beirut** (Buttermarkt 3) zu. Dort gibt es leckeres libanesisches Essen, dass sich auch Nicht-Touristen schmecken lassen. Was Schmackhaftes für auf die Hand gibt es bei der **Pizzeria Pinocchio**.

--> Mehr Tipps rund ums Essen findest Du unter „Hunger?", S. 60

Wenn Ihr die Mühlengasse weg vom Rhein nehmt, trefft Ihr hinter Groß St. Martin im Brigittengäßchen auf **Tünnes und Schäl** (von Wolfgang Reuter). Wenn ihr die beiden etwas lebendiger erleben wollt, besucht am besten eine Vorstellung des traditionellen Hänneschen-Theaters. Vor dem Theater sitzt übrigens das kölsche Urgestein Willy Millowitsch in Bronze auf einer Bank. www.haenneschen.de

Vom Tünnes und Schäl-Denkmal aus gelangt ihr zum berühmten **Alten Markt**. Hier wird alljährlich die Karnevalszeit, oder wie man in Kölle sagt, der „Fastelovend", eingeläutet. Auf der Platzmitte steht Jan von Werth, ein Reitergeneral aus dem Dreißigjährigen Krieg. Hoch oben an einer Hausfassade befindet sich noch ein Denkmal der etwas anderen Art: **Der Kallendresser** von Ewald Mataré: Dieser Jeck streckt Dir einfach seinen blanken Po entgegen.

Über den Alten Markt kommt ihr zum **Historischen Rathaus**, das mit 130 Steinstatuen verziert ist. Unter der Turmuhr streckt der **Platzjabbeck** Dir jede Stunde frech seine Zunge raus. Gegenüber vom hübschen Rathaus liegt der etwas unscheinbare **Spanische Bau** aus dem 17. Jahrhundert, der nach dem Zweiten Weltkrieg

komplett wieder aufgebaut werden musste. Unter dem Spanischen Bau sind Überreste des römischen Praetoriums (Statthalterpalast), das zusammen mit einem römischen Aquädukt und der Mikwe (jüdisches Ritualbad) besichtigt werden kann (Archäologische Zone/ Jüdisches Museum, Eingang: Große Budengasse).

Heumarkt

Ostermannplatz

Neben dem Rathaus liegt außerdem das **Wallraf-Richartz-Museum** (Obenmarspforten), in dem Kunst vom Mittelalter bis zum Impressionismus zu bestaunen ist. Ein kleiner Durchgang führt vom Alten Markt aus zum schnuckeligen **Ostermannplatz**. Hier erinnert ein Brunnen an den Karnevalisten Willi Ostermann.

Südlich vom Alten Markt liegt der **Heumarkt** mit dem Reiterdenkmal für Friedrich Wilhelm III. von Preußen. Biegt ihr in die Gürzenichstraße ein, gelangt ihr zum gleichnamigen Festsaal aus dem 15. Jahrhundert. Überquert Ihr den Heumarkt und geht Richtung Süden, kommt Ihr irgendwann zur Rheingasse, wo Ihr unverhofft noch ein historisches Highlight entdecken könnt. Denn hier steht das **Overstolzenhaus** (Rheingasse 8), ein gut erhaltenes Patrizierhaus aus dem Jahre 1220.

Wenn ihr nun weiter am Rhein entlangschlendert, kommt ihr zum **Schokoladenmuseum** und zum benachbarten **Sport- und Olympiamuseum** (Im Zollhafen 1). Schoki-Fans und Sportskanonen sollten hier etwas Zeit einplanen. Alle anderen können weiter in Richtung **Rheinauhafen** gehen. Inmitten der luxuriösen Kranhäuser könnte man glatt meinen, man wäre in Düsseldorf gelandet. Denn hier verkehrt die Kölner Schickeria.

Sofern Ihr jetzt noch nicht müde seid, könnt ihr wieder ein Stück zurück zur Severinsbrücke gehen und von da aus mit der Bahn zum **Appellhofplatz** fahren. Hier verläuft parallel zur Breiten Straße die Glockengasse, in der das **4711-Haus** (Glockengasse 4) steht. 4711 war sozusagen die Hausnummer während der französischen Besatzung unter Napoleon. Das berühmte Duftwasser, das im Haus gebraut wurde, hat man der Einfachheit halber gleich auch so getauft. Noch heute ist das berühmte Kölnisch Wasser ein beliebtes Souvenir bei Touristen. Man riecht dann zwar ein bisschen nach Oma, aber wenigstens trägt man das Eau de Cologne schlechthin.

Vom Appellhofplatz aus gelangt ihr außerdem zum **Zeughaus** (Zeughausstr. 24), dem Stadtmuseum, auf dessen Turm das goldene Flügelauto von HA Schult thront. Unweit des Zeughauses steht der **Römerturm** (Zeughausstr./Ecke Am Römer-

turm). Der Turm ist der am besten erhaltene Bestandteil der römischen Stadtmauer.

Von da aus schlagt ihr euch zum **Neumarkt** durch. Der ist zwar nicht besonders schön, aber da sollte man trotzdem mal gewesen sein. Außerdem ist hier das riesige, umgestülpte Eishörnchen vom Popartkünstler Claes Oldenburg auf dem Dach der Neumarktpassage ein Foto wert.

In der angrenzenden Richmodstraße gibt es den **Richmodisturm** zu entdecken, aus dessen Fenster zwei Pferde schauen. Über die Mittelstraße geht es dann zum Rudolfplatz, wo das **Hahnentor** steht. Neben der Eigelsteintorburg, der Ulrepforte, der Severinstorburg und dem Bayenturm ist das Hahnentor ein Überbleibsel der mittelalterlichen Stadtmauer von 1180. Wenn euch beim Anblick von so viel Historie der Magen knurrt, wendet Ihr euch am besten an die **Beef Brothers** (Aachener Str. 12). Wirklich gemütlich sitzen kann man hier zwar nicht, dafür sind die Burger aber umso leckerer.

Auch die **Eigelsteintorburg** in der Nähe vom Ebertplatz lohnt es sich anzusehen – vor allem da das Eigelsteinviertel seinen ganz eigenen Charme versprüht. Die abgehende **Weidengasse** ist fest in türkischer Hand. Dementsprechend kannst Du hier prima

Döner und andere türkische Leckereien essen, z.B. bei **Mangal** (Weidengasse 58). Aber auch die thailändischen und vietnamesischen Gerichte bei **Hoai Viet** (Weidengasse 68) sind nicht nur extrem günstig, sondern auch lecker.

Falls Dein Besuch etwas länger bleibt, lohnt sich auch ein Besuch im **Kölner Zoo** (Riehler Str. 173). Neben den Tieren selbst sind der Elefantenpark und das Regenwaldhaus die Highlights. Neben dem Zoo fährt die **Seilbahn** (Riehler Str. 180) ab, die euch schwebend über den Rhein befördert. Auf der **Schäl Sick** angekommen, bietet sich ein Spaziergang im Rheinpark an. Wenn Du und Dein Besuch eher etwas gemütlicher eingestellt seid, könnt Ihr aber auch, als Abschluss eines anstrengenden Touri-Programms, in der **Claudius Therme** (Sachsenbergstr. 1) entspannen.

Infos zu weiteren Hallen- und Thermalbädern unter „frostige Zeiten", S. 134-138

Kölsche Brauhäuser

Eine typische Touri-Aktivität, die Du Deinen Gästen nicht vorenthalten solltest, ist der Besuch eines kölschen Brauhauses. Kölsche Brauhäuser haben ihren eigenen Charme. Innen ist es urig-gemütlich und laut. Der „Köbes" (Kellner) ist ein bisschen ruppig und stellt Dir unaufgefordert ein Kölsch nach dem anderen hin. Nimm's nicht persönlich. So ist es hier in Kölle! „Im Trockenen sitzen" geht nämlich gar nicht im Brauhaus. Gegessen wird z.B. „Halver Hahn", „Himmel un Ääd" oder „Rievkooche". Auf unserer Tour bieten sich in der Altstadt z.B. **Peters Brauhaus** (Mühlengasse 1) oder die **Brauerei Päffgen** (Heumarkt 62) an.

Orte, an denen Du diese kölsche Lebensart kulinarisch zelebrieren kannst, findest Du in den Kapiteln „Hunger?", S. 70 und „Durst?", S. 97.

Geführte Touren

Wenn es Dir zu anstrengend ist, selbst den Tourguide zu spielen, kannst Du diese Aufgabe natürlich auch einfach an Experten delegieren.

KölnTourismus bietet für ca. 11-15 Euro unterschiedliche Thementouren an. Ob für Köln-Neulinge oder Köln-Insider, die ihre Stadt mal von einer anderen Seite kennenlernen wollen, für jeden ist was dabei. www.koelntourismus.de

Stattreisen Köln e.V. hat neben thematischen Köln-Führungen (z.B. Tatort Köln) und Brauhauswanderungen auch Veedel-Führungen im Programm. Die meisten Führungen kosten 9 Euro pro Person. www.stattreisen-koeln.de

Stadtgeschichten Köln hat ebenfalls ein abwechslungsreiches Angebot, das von romantischen Touren für Verliebte, Comedy-Führungen bis zur unheimlichen Gruseltour reicht. Der Preis für öffentliche Führungen liegt bei ca. 11 Euro pro Person.
www.stadtgeschichten-koeln.de

Wem diese ganze Lauferei zu beschwerlich ist, der kann entweder mit der **Bimmelbahn** durch Köln fahren oder eine Panoramafahrt mit einem **KD-Schiff** unternehmen und Dom, Kranhäuser und Co. vom Rhein aus betrachten.
www.bimmelbahnen.de
www.k-d.com

Köln   endlich   endlich   Köln

endlich

Klassik
Konzert
Konzert
Konzert
Konzert
Konzert
Konzert
Klassik
endlich
Klas
Konzer
Klassik
Poetry-Slam
Kinosessel
Theater
Poet
Slam
Poetry
Konz
Poetry-Slam
Konzert

Konzert Kinosessel
Klassik
Theater
Poetry-Slam

Keine Frage, Köln ist eine Kultur-Metropole. An jeder Ecke lauern Kunst, Unterhaltung und intellektuelle Herausforderungen. Eine feine Auswahl an Unterhaltungsleckerbissen haben wir schon mal vorbereitet. Was darf's denn heute für Dich sein?

Leinwand

Klar machen DVDs oder Online-Streams auch viel Spaß, aber manchmal sehnt man sich doch nach dem guten alten Kino mit Popcorn und Limo. Die ganz großen Gefühle, Stunts und Heldinnen wirken eben nur auf der Leinwand so berauschend gut. Und ganz besondere Kinos gibt es ja auch noch!

Du hast Lust auf Kino, willst aber nicht die hundertste romantische Komödie mit Jennifer Aniston sehen? Dann ist der **Filmclub 813 e.V.** (Hahnenstr. 6/im Gebäude „Die Brücke") das Richtige für Dich! Dort laufen alte Streifen wie die Dracula-Filme, Werke mit Romy Schneider oder Spaghetti-Western. Der Club wurde 1991 von sieben leidenschaftlichen Cineasten gegründet und zeigt um die 150 Raritäten pro Jahr. „Do it yourself" ist im Filmclub noch heute die Devise, da wird ein Tisch zur Kinokasse und aus einem Bierkasten werden verschiedene günstige Getränke verkauft. Manchmal stehst Du auch um 20.00 Uhr noch vor verschlossener Tür, weil der Filmvorführer seine Bahn verpasst hat, aber genau das macht das Kino so liebenswert. www.filmclub813.de

Das **Rex am Ring** (Hohenzollernring 60) ist das Kino für Sparfüchse, denn hier gibt es die neuesten Blockbuster erst, wenn sie in den anderen Kinos nicht mehr gezeigt werden. Die Leinwände sind recht klein, dafür ist der Eintritt aber auch günstig. Außerdem versprüht es den Charme eines alten kleinen Programmkinos, denn seit den 70er Jahren wurde nicht großartig renoviert und früher durfte sogar in den Sälen geraucht werden. www.rex-koeln.de

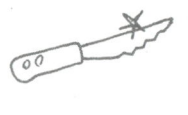

Das **Cinedom** (Im Mediapark 1) ist das größte Kino Kölns, mit acht Kinosälen mit 100 bis 705 Sitzplätzen. Technisch ist es auf dem neuesten Stand und bietet eine riesige Auswahl an Blockbustern in 2D und 3D. Am Wochenende solltest Du die Kinokarten besser online reservieren, da hier viel los ist. Dann kannst Du sie bequem an einem Automaten abholen und Dich dadurch schneller mit Nachos, Popcorn und Cola für den Abend rüsten. www.cinedom.de

Nachdem das **Residenz** bedroht war, wurde es zu einer **Astor Film Lounge** (Kaiser-Wilhelm-Ring 30) umgebaut. Das bedeutet Luxus-Kino für Cineasten mit gehobenen Ansprüchen und vollem Geld-beutel. Grölende Teenager, die sich mit Popcorn bewerfen, wirst Du hier keine finden. Stattdessen knabbert das meist ältere Publikum lieber Gemüsesticks mit Dip und trinkt dazu Wein. Der Luxus-Film-Tempel bietet seinen Besu-chern einen Begrüßungsdrink und Garderobe gratis. In den rie-sigen Ledersesseln fühlst Du Dich dank verstellbarer Rückenlehne und Beinhocker sofort wohl und kannst Dich beim Genuss der Art-house-Filme wie ein V.I.P. fühlen. www.koeln.astor-filmlounge.de

Das **Metropolis Kino** (Ebertplatz 19) sieht auf den ersten Blick etwas in die Jahre gekommen aus, ist aber technisch auf dem neue-sten Stand. Ob es Vorführungen in 2D oder 3D gibt, ist dem bunt-gemischten Publikum aber sowieso relativ egal, denn das Kino punktet vielmehr mit seinen englischsprachigen Filmen im Origi-nalton. www.metropolis-koeln.de

Die **Filmpalette** (Lübeckerstr. 15) im Eigelstein-Viertel besteht aus zwei kleinen Kinosälen und bietet vor allem europäisches Kino und

Köln   endlich   endlich   Köln
                                                 endlich

Independent-Filme aus aller Welt, die weiter ab vom Mainstream liegen und in anderen Kölner Kinos kaum bis gar nicht gezeigt werden. Zum Glück gibt's die Palette. www.filmpalette-koeln.de

Wenn Du gerne wissen möchtest, was der Film-Nachwuchs so zu bieten hat, solltest Du die **Kunsthochschule für Medien** (Peter-Welter-Platz 2) besuchen. Dort werden in der großen Aula zum Beispiel in der Filmreihe Best of KHM Movies die unterschiedlichen Abschlussprojekte der Filmstudenten gezeigt.
www.khm.de --> Aktuelles --> Veranstaltungen

Nahe der Uni befindet sich die **Studiobühne** (Universitätsstr. 16a). Dieses Gebäude beherbergte früher die Uni-Mensa und wurde später zum Theater und Kino umfunktioniert. In unregelmäßigen Abständen kannst Du hier aktuelle Arthouse-Filme sehen. Der Eintritt ist günstig und das Angebot richtet sich speziell an Studenten.
www.studiobuehne.uni-koeln.de

Open-Air-Kino

Sommer, sternenklare Nächte und laue Temperaturen – es ist Zeit, das Leinwand-Vergnügen nach draußen zu verlagern.

Beim **Bay am Yachthafen** (Rheinauhafen/Harry-Blum-Platz 1) solltest Du früh genug kommen, um noch einen Stuhl zu ergattern.

Wenn das nichts wird, machst Du es Dir auf mitgebrachten Kissen auf den Stufen bequem. Einen tollen Blick auf den Dom und auf die verankerten Motorboote hast Du so oder so. Die Leinwand selber schwimmt auf dem Wasser und bei einem

kühlen Getränk kannst Du einen schönen Sommerabend verleben. Die Filmauswahl reicht von aktuellen Erfolgsfilmen bis zu Klassikern. www.openairkino.de --> Köln

Direkt am Dom liegt das Museum Ludwig und bietet in den Sommermonaten ebenfalls spektakuläres Freiluftkino an. Die **Open-Air Filmbar** (Bischofsgartenstr. 1) befindet sich nämlich auf dem Dach des Museums. Hier sitzt Du bequem auf Stühlen und hast den Dom direkt im Rücken. Gezeigt werden filmische Raritäten.
www.museum-ludwig.de --> Programm --> Veranstaltungen
--> Filmbar

Im beliebten Stadtteil Ehrenfeld befindet sich das **Cinenova** (Herbrandstr. 11), das im Sommer flugs nach draußen verlegt wird. Dann kannst Du im Biergarten aktuelle Arthouse-Filme und Blockbuster sehen. Auch bei Fußball-Groß-Events wird vom Biergarten aus den Mannschaften zugejubelt. www.cinenova.de

Und dann gibt es da noch ein ganz besonderes Kino-Erlebnis: Auch wenn es etwas ab vom Schuss ist und in seiner Nachbarschaft Deutschlands größtes Bordell liegt, lohnt sich ein Besuch des **Odoniens** (Hornstr. 85). Das Gelände gehört dem Künstler Odo Rumpf und neben Partys und Konzerten gibt es im Sommer auch ein

Köln   endlich   endlich   Köln
endlich

Konzert Kinosessel
Klassik
Klassik Theater
Poetry-Slam

Open-Air-Kino. Die gezeigten (Kurz)Filme sind genauso bunt und trashig wie das Gelände. Die Atmosphäre ist aber unschlagbar, denn überall ragen große Saurier aus Metallschrott in den Himmel und Du fühlst Dich ein bisschen wie bei Mad Max oder Jurassic Park. www.odonien.de

Open-Air auch bei Schneefall? In Köln kein Problem: Etwas außerhalb in Porz liegt das **Autokino Drive-In** (Rudolf-Diesel-Str. 32). Hier laufen aktuelle Hollywood-Blockbuster und da die Fan-Gemeinde sehr treu ist, wechseln die Filme relativ schnell. Mit Deinem Autoradio empfängst Du den Ton des Films. Hast Du Angst um Deine Autobatterie, kannst Du Dir aber auch ein Radio ausleihen – einen Heizlüfter für eiskalte Wintertage übrigens auch. Oder im Sommer Freunde und Liegestühle einpacken und bei kühlen Drinks die Filme genießen.

Da pro Person abgerechnet wird, ist es völlig egal wie sehr ihr euch ausbreitet. Vierbeiner sind übrigens explizit erlaubt und schauen natürlich gratis. Das Publikum besteht hauptsächlich aus stolzen 18-jährigen, die ihre getunten Autos vorführen möchten, aber ganz harmlos sind. Wer Popcorn-Nachschub braucht oder zur Toilette muss, wartet besser bis zur Pause. Denn man kann leicht die Orientierung zwischen den Autos verlieren ... und wenn gerade ein Horrorfilm läuft, kann das sehr gruselig werden!

www.autokinos-deutschland.de   --> Autokino köln Porz

Film-Feste

Jedes Jahr im September findet das **Fantasy Filmfest** im Cinedom statt. Der Name ist irritierend, denn es laufen keine klassischen Fantasy-Streifen, sondern mehr als 60 Horrorfilme und ein paar Thriller. Wer keine einzige Schrecksekunde verpassen will, besorgt sich Wochen vorher eine der raren Dauerkarten und erhält zu allen Vorstellungen des siebentätigen Festivals freien Eintritt.
www.fantasyfilmfest.com --> Köln

Das **Internationale Frauenfilmfestival** findet abwechselnd in Köln und Dortmund statt und ist offen für alle Genres und Stilrichtungen. Auch Regisseurinnen, Kamerafrauen, Filmmusikerinnen und andere Filmschaffende, die vielleicht sonst noch keine allzu große Lobby haben, bekommen hier die Möglichkeit, ihre Werke zu präsentieren. www.frauenfilmfestival.eu

Beim Kurzfilmfestival **UNLIMITED** liegt der Fokus auf dem Filmnachwuchs. Eine ausgewählte Jury prämiert die besten eingegangen Arbeiten und neben vielen deutschen Produktionen wird jedes Jahr auch der cineastische Blick über den Tellerrand serviert, z.B. nach Finnland oder in die Türkei. Kurzum: Internationale Appetit-Häppchen auf Großbildleinwand. www.unlimited-festival.de

Noch mehr Filme im Festival-Format? www.filmfestivals-koeln.de

Die ganz große Bühne

Mal wieder Lust auf griechische Tragödien oder die liebliche Musik einer Mozart-Oper? Dann wirf Dich in Schale oder auch nicht und besuch eines der vielen Theater in Köln. Zwar bist Du nicht in Berlin oder Dresden, aber das Kulturangebot in Köln ist so reichlich, dass Du eigentlich jeden Abend die große Bühne genießen kannst.

Die **Oper Köln** und das Schauspiel Köln befinden sich normalerweise am Offenbachplatz 1, da wird aber schätzungsweise bis 2015

Köln endlich endlich Köln
endlich

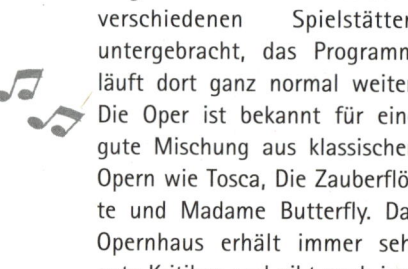

umgebaut. Deshalb sind beide in verschiedenen Spielstätten untergebracht, das Programm läuft dort ganz normal weiter. Die Oper ist bekannt für eine gute Mischung aus klassischen Opern wie Tosca, Die Zauberflöte und Madame Butterfly. Das Opernhaus erhält immer sehr gute Kritiken und gibt auch jungen Künstlern mit experimentellen Werken eine Chance. Die Kartenpreise sollten Dich vom Besuch nicht abhalten, denn als Schüler oder Student gibt es Rabatte von 50 %. www.operkoeln.com

Im **Schauspiel Köln** werden eher moderne Stücke von unbekannteren Künstlern aufgeführt. Zwischendurch gibt es aber auch mal was von Lessing oder Brecht. Auch hier bekommst Du als Student Ermäßigungen, so dass Du schon ab 7 Euro einen opulenten Theater-Abend erleben kannst. www.schauspielkoeln.de

Auch wenn Du noch nie im **Gloria** (Apostelnstr. 11) warst, kann es sein, dass Du das Theater schon einmal gesehen hast: Die Eröffnungsszene des Films „Der bewegte Mann" wurde nämlich dort gedreht. In den 70er Jahren war das Gloria sogar kurzzeitig ein Porno-Kino, man kann es dank der roten Samtvorhänge noch erahnen. Das aktuelle, jugendfreie Programm reicht von humorvollen Stücken wie „Cave Man" bis zu Stand-up-Comedy.

Neben Theatergängern kommen aber auch Party-People regelmäßig auf ihre Kosten. www.gloria-theater.com

Die **studiobühneköln** (Universitätsstr. 16a) bietet seit den 60er Jahren ein Konzept, bei dem Studenten ihr theoretisches Wissen aus der Uni mit der praktischen Umsetzung auf der Bühne verbinden. Das klappt offensichtlich ganz gut, und zwar bei klassischen Stücken und neuen Werken gleichermaßen. www.studiobuehne.uni-koeln.de

Tagsüber ist die **Filmdose** (Zülpicherstr. 39) ein normales Café, das bei Studenten sehr beliebt ist, denn die Uni ist nicht weit. Abends verwandelt sich der hintere Bereich in ein Theater. Wenn Dir Stücke gefallen, die auch mal unter die Gürtellinie gehen, solltest Du Dir hier eine Inszenierung von Walter Bockmayer anschauen, wie beispielsweise „Mit Winnetunt durch die Prärie" oder „Sissi - Beuteljahre einer Kaiserin". www.filmdose-koeln.de

Im **arttheater** (Ehrenfeldgürtel 127) trifft sich die junge Theaterszene. Es gibt Performances und viele Gastspiele von Theater-Ensembles aus anderen Städten. Außerdem präsentieren hier häufig Schüler der privaten Schauspielschule Theater Akademie ihre Abschlussprojekte. www.arttheater.info

Das **Theater am Dom** (Glockengasse 11/Opern Passagen) zeigt Boulevardstücke vom Feinsten, mit Fokus auf Verwechslungskomödien und Screwball-Comedy. Im Publikum sitzen meist Dauerkarteninhaber um die 50. Das Besondere sind die aus Film und Fernsehen bekannten Schauspieler. Auf diesen Brettern standen schon Jürgen von der Lippe, Dorkas Kiefer, Jochen Busse und sogar Michaela Schaffrath. www.theateramdom.de

Theater im Bauturm (Aachener Str. 24-26): Egal ob Süskind, Wilde oder Goethe, hier gehst Du hin, wenn Du mal wieder Lust auf ein klassisches Stück hast. In dem kleinen Theater findet außerdem auch das **africologneFESTIVAL** statt, bei dem afrikanische Künstler auftreten – abgerundet wird das Ganze mit Publikumsgesprächen. www.theater-im-bauturm.de

Die **Kammeroper Köln** (Friedrich-Ebert-Str. 4) bespielt ihre gar nicht so kleine Bühne mit einem kleinen, aber feinen Ensemble. Von der Kinderoper über die Heinz-Erhardt-Revue bis zur Strauß-Operette wird getanzt, gesungen und gelacht. Schwungvolle Unterhaltung ohne Kopfzerberchen ist garantiert.
www.kammeroper-koeln.de

Mal wieder Lust auf Kultur, aber fast pleite? Dann bist Du im **Atelier Theater** (Roonstr. 87) richtig! Montags bis donnerstags läuft hier die Reihe „gratis und nicht umsonst", bei der Du Kabarett, Comedy und Lesungen ganz für umme besuchen kannst.
www.ateliertheater.de

Das **Comedia Theater** (Vondelstr. 4-6) befindet sich in einer alten Feuerwache und ist allein schon wegen der schönen Räume einen Besuch wert. Hier treten meist bekannte Comedians und Kabarettisten auf, aber es gibt auch Theaterstücke für Kinder im Programm. Mehrfach im Jahr werden außerdem Abschlussprojekte von Laientheater-Gruppen gespielt. www.comedia-koeln.de

Du möchtest echtes, reines Kölsch hören und vielleicht ein paar neue Ausdrücke dazulernen? Dann solltest Du dem **Hänneschen Theater** (Eisenmarkt 2-4) einen Besuch abstatten. Das beliebte Puppentheater blickt auf eine 200-jährige Geschichte zurück. Falls Du befürchtest, nicht alles zu verstehen, kannst Du auch eine der

Kindervorstellungen am Nachmittag besuchen, da wird weniger Kölsch gesprochen. Oder Du schaust Dir in der Karnevalszeit erst einmal die Puppensitzung im WDR an. www.haenneschen.de

Sommerpause? Theaterfestival!

Das Sommerblut Festival findet in den theaterarmen Sommermonaten statt und widmet sich meistens einer sozialkritischen Thematik – im Jahr 2013 war es das Thema „Flucht". Es ist aber kein reines Theater-Festival, denn es werden auch Konzerte, Kunstausstellungen, Filmvorführungen, Performances, Tanzvorführungen und Lesungen an unterschiedlichen Orten in der Stadt präsentiert. www.sommerblut.de

Impro-Theater

In Köln gibt es keine Spielstätten, die nur Improvisationstheater bieten, dafür gibt es aber eine Reihe von Impro-Gruppen, die meistens ein Stammtheater haben, in dem sie auftreten.

Die Impro-Gruppe **Clamotta** besteht aus drei Mitgliedern, die seit über zehn Jahren zusammen auftreten. Meistens stehen sie auf der Bühne des **Klingelpütz Theaters** (Gertrudenstr. 24). www.clamotta.de

Die Gruppe **lauter** tritt regelmäßig im Lokal **Wohngemeinschaft** auf (Richard-Wagner-Str. 39). Sie besteht aus einem losen Zusammenschluss von Künstlern und Theaterpädagogen, die klassisches Impro-Theater machen. Das Publikum ruft Themen, Charaktere oder Genres in den Raum und die Gruppe macht, was ihr dazu einfällt. Lacher sind da garantiert. www.lauter-lauter.de

Die **Tauben-Haucher** kannst Du meist auf der schääl Sick sehen, denn sie treten im Bürgerhaus von Kalk (Kalk-Mülheimer-Str. 58) auf. Die Truppe besteht aus neun Künstlern und bietet auch offene

Konzert Kinosessel
Klassik Theater
Poetry-Slam

Proben an, bei denen Du einfach mitmachen kannst.
www.taubenhaucher-impro.de

Die sieben Mitglieder der Gruppe **Link!** treten mehrfach im
Jahr im **Metropol Theater**
(Eifelstr. 33) auf. Auch bei Link!
ist natürlich nichts abgespro-
chen. Die Schauspieler fanden
sich durch Seminare an der Kölner Uni zusammen, allzu akade-
misch geht es auf der Bühne
aber natürlich trotzdem nicht zu.
www.linkspieltsdir.de

Musical

Musical in Köln, das heißt
zunächst mal: **Musical Dome**
(Goldgasse 1), denn dort tritt die
Crème de la Crème der Musical-
größen auf. In den vergangenen
Jahren gastierten schon die Musi-
cal-Ensembles von Cats, Grease,
Dirty Dancing, Star Light Express
und viele weitere im Musical
Dome. www.musical-dome.de

Aber auch anderswo in der Stadt wird Musical-Stimmung gemacht:
Die **Kammeroper Köln** (Friedrich-Ebert-Str. 4) inszeniert mit großer
Hingabe z.B. My Fair Lady. www.kammeroper-koeln.de

Und in der **Lanxess Arena** (Willy-Brandt-Platz) oder im **Theater im
Bauturm** (Aachener Str. 24-26) gastieren ebenfalls ab und zu Musi-

cal-Shows. Eine Darbietung der anderen Art kannst Du im **Brauhaus Sion** (Unter Taschenmacher 5-7) erleben: Hier wird zum rheinischen Wirtshaus-Musical angestoßen. www.lanxess-arena.de
www.theater-im-bauturm.de   www.brauhaussion.de

Das **Kölner Sommerfestival**
(Bischofsgartenstr. 1) bietet jeden
Sommer mehrere Musical-Veran-
staltungen in der Kölner Philharmonie. 2013 gab es das schwungvolle Tango-Musical Tanguera
oder das schweizer Figurenthea-
ter Mummenschanz, das bereits
am Broadway gefeiert wurde.
www.koelnersommerfestival.de

Lanxess Arena

Planetarium

Du hast das Glück, in Köln zu leben?! Dann kannst Du auch einfach
mal nach den Sternen greifen. Hier geht das besonders gut:

Die **Volkssternwarte Köln–Sülz** (Nikolausstr. 55) befindet sich auf
dem Schiller Gymnasium und wird von ehrenamtlichen Mitarbei-
tern betrieben. Zu Beginn Deines Besuches gibt es eine kleine Ein-
führung in den Sternenhimmel per Leinwand-Show. Hier musst Du
kein Astrophysiker sein, denn diese Veranstaltungen sind auch für
Kinder offen und sollen mit Spaß ein bisschen Wissen vermitteln.
Danach kannst Du durch ein Teleskop mit zweihundert-facher Ver-
größerung schauen und den Mond mit seinen Kratern und Bergen
bestaunen. www.volkssternwarte-koeln.de

Auch das **Planetarium Köln** (Blücherstr. 15-17) befindet sich auf
einer Schule. Die Schüler des Gymnasiums haben es selbst aufgebaut und betreuen auch die Veranstaltungen. Anders als in der

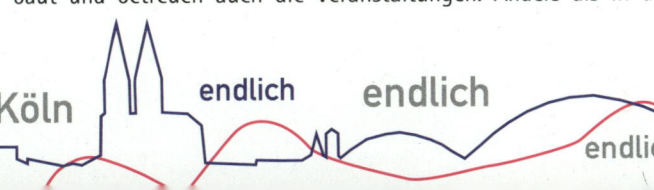

Köln   endlich   endlich   Köln
endlich

Volkssternwarte gibt es hier einen Raum mit einem Kleinplanetari-
um, in dem der aktuelle Sternenhimmel an die Decke projiziert werden kann. www.koelner-planetarium.de

Zirkus und Varieté

In Zirkus und Varieté kannst Du für ein paar Stunden den Alltag
vergessen und Dich verzaubern lassen. Egal, ob Du lieber gefährli-
che Stunts oder elfengleiche Wesen auf dem Trapez sehen möchtest, hier wirst Du garantiert fündig.

Und wer kennt nicht den weißgeschminkten Clown Gensi der so
wunderbar traurig gucken kann oder Direktor Bernhard Paul als
ungeschickten Clown Zippo? Das Besondere am **Circus Roncalli**
spürt man bei jeder Vorstellung in der Manege. Bis auf eine Pferde-
nummer kommt der Zirkus außerdem ganz ohne Tiere aus. In Köln
gastiert die Truppe auf dem Kölner Neumarkt. www.roncalli.de

Die kölsche Band die Höhner macht den Circus Roncalli mit der
Höhner Rocking Roncalli Show unsicher. Während die Artisten
ihre Künste zeigen, spielt die Band ihre Hits. Ein echt einmaliges
Erlebnis! www.hoehner-rockin-roncalli.de

Das **ZAK Zirkus- und Artistikzentrum Köln** (An der Schanz 6) bietet Kurse für Kinder und Jugendliche sowie die Ausbildung zum Zir-
kuspädagogen für Erwachsene. Was die Absolventen hier lernen,
kannst Du Dir bei ihren öffentlichen Artistik-Shows und dem Wett-
streit zwischen Profis und dem Nachwuchs ansehen.
www.zak-koeln.com

Unter der Leitung von Stephan Masurs findet im **Senftöpfchen
Theater** (Große Neugasse 2-4) regelmäßig ein wahres Varieté-
Spektakel statt. Bei dieser Show treten frische Absolventen der Zir-
kusschulen gemeinsam mit Künstlern auf, die schon lange im

Geschäft sind. Lass Dich z.B. von Maxime Yelles äußerst ungewöhn-
lichen Kunststücken am Seil verzaubern und staune, wenn Mario
Kurita mit langen Schwertern jongliert. www.varietespektakel.de

Der **Cirque Bouffon** (Am Schokoladenmuseum 1a) bietet Dir den
Eintritt in eine Welt voller Fantasie und Träumerei. Hier schwingen
magische Wesen am Trapez während Du ruhige Akkordeon-Musik
hörst. Ein fantastisches Erlebnis! www.cirque-bouffon.com

Auch in der **Lanxess Arena** (Willy-Brandt-Platz 3) gibt es immer
wieder Varieté, Zirkus und Tanzveranstaltungen wie den Cirque du
Soleil, die Künstler von Holiday on Ice, die Schlittschuh laufen, oder
River Dance. www.lanxess-arena.de

Museum

In Köln gibt es über 30 Museen, viel zu viele um die hier alle auf-
zulisten. Wir haben deshalb bewusst subjektiv ausgewählt, was
unserer Meinung nach einfach unverzichtbar ist, den meisten Spaß
macht oder schlicht und einfach besonders interessant ist. Manches davon kannst Du sogar gratis besichtigen.

Römisch-Germanisches Museum (Roncalliplatz 4): „Colonia Claudia Ara Agrippinensium" nannten einst die Römer das heutige Köln.

Im Römisch-Germanischen
Museum kannst Du Dir ansehen,
wie fortschrittlich sie waren. Sie
sorgten zum Beispiel für Abwas-
serrohr-Systeme, denn zuvor
war die heutige Karnevalshochburg eine einzige Kloake. Darüber hinaus siehst Du, welchen
Schmuck reiche Römerinnen
trugen, Alltagsgegenstände, wie

Krüge und Schalen, und sogar römisches Kinderspielzeug. Am berühmtesten sind aber das riesige Mosaik (zirka 220 nach Christus) und die Rekonstruktion eines Grabbaus des Legionärs Poblicius der ca 40 nach Christus lebte. In dem Museum, das neben dem Dom liegt, kannst Du also wirklich die Anfänge der Stadt bewundern. www.museenkoeln.de/rgm

Kölner Dom (Margarethenkloster 5): Welche Sehenswürdigkeit von Köln sollte man sich wohl als erstes ansehen? Na klar, den Dom. Der ist gleichzeitig auch irgendwie ein großes Museum. Bei der Besichtigung hast Du mehrere Möglichkeiten. Erstmal kannst Du natürlich reingehen und Dir die tollen Glasfenster ansehen, von denen eines vom Künstler Gerhard Richter gestaltet wurde, das übrigens sehr polarisiert. Bei Deinem weiteren Rundgang wirst Du dann dem prunkvollen Schrein der Heiligen Drei Könige begegnen, in dessen Innerem angeblich die Gebeine der drei aufbewahrt werden.

Du kannst aber auch die Herausforderung der Turmbesteigung annehmen – es gibt keinen Aufzug und 533 Stufen zu bezwingen. Dann wirst Du mit einem tollen Blick auf Dom und Umgebung belohnt. Auch die Sonderführungen sind zu empfehlen, bei denen Du in einen weiteren Turm kommst oder die Ausgrabungen unterhalb des Wahrzeichens anschauen kannst. www.koelner-dom.de

Museum Ludwig (Heinrich-Böll-Platz): Das Museum befindet sich in direkter Dom-Nähe. Die Ludwigs waren ein Ehepaar, das seine große Kunstsammlung der Stadt Köln 1976 als Dauerleihgabe zur Verfügung stellte. Das Museum bietet Kunst des 20. Jahrhunderts und Gegenwartskunst, die

von vielen bekannten Künstlern stammt. In der Pop-Art-Abteilung kannst Du zum Beispiel Werke von Roy Lichtenstein sehen und bei den Expressionisten August Macke. Wenn Dir der Kubismus mehr zusagt, kannst Du ein Auge auf Picasso werfen. Das war nur ein kleiner Ausschnitt aus der riesigen Sammlung. Wenn Du alle Stilrichtungen sehen willst, solltest Du mehrmals wiederkommen. www.museum-ludwig.de

Kölnisches Stadtmuseum (Zeughausstr. 1-3): Das Museum kannst Du schon aus der Ferne sehen, denn auf seinem Dach befindet sich ein vergoldetes Auto mit Flügeln vom bekannten Aktionskünstler HA Schult. Das Museum, das von allen nur Zeughaus genannt wird, wurde schon 1888 eröffnet und behandelt die Zeit ab dem Mittelalter bis heute. Zu Beginn Deines Rundgangs wirst Du erst einmal in die Geheimnisse der Stadt eingeweiht und erfährst alles Wichtige über Kölschen Klüngel (Vetternwirtschaft), Karneval und kölsche Kultur.

Auf den anderen zwei Etagen geht es thematisch um Stadtpolitik, Bürgertum, Wohnkultur, jüdisches Leben, Reformation und die Entstehung des Doms sowie der Kölner Uni. Natürlich gibt es reichlich Anschauungsmaterial wie Ritterrüstungen, Waffen, Kanonen, Kutschen, alte Autos und ein Riesen-Modell, das Köln im Mittelalter zeigt. www.museenkoeln.de/koelnisches-stadtmuseum

Das **Deutsche Sport & Olympia Museum** (Zollhafen 1): Nicht nur für Sportskanonen lohnt sich der Besuch. Auch für alle, die sich für Geschichte interessieren. Denn Du erhältst einen sportlichen Überblick, der bei der Antike und ihren Sportarten beginnt und bis zu heutigen Trendsportarten geht. Es gibt interessante Sonderausstellungen zu den Themen schwule Fußball-Clubs oder Sportfotografien. Ein besonderes Highlight sind die zwei Sportplätze auf dem Dach des Museums, von denen Du außerdem einen tollen Blick auf den Rhein hast. www.sportmuseum.de

Köln   endlich   endlich   Köln

endlich

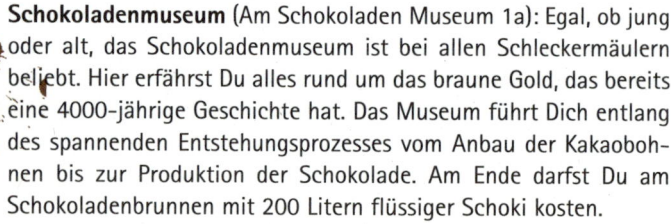

Schokoladenmuseum (Am Schokoladen Museum 1a): Egal, ob jung oder alt, das Schokoladenmuseum ist bei allen Schleckermäulern beliebt. Hier erfährst Du alles rund um das braune Gold, das bereits eine 4000-jährige Geschichte hat. Das Museum führt Dich entlang des spannenden Entstehungsprozesses vom Anbau der Kakaobohnen bis zur Produktion der Schokolade. Am Ende darfst Du am Schokoladenbrunnen mit 200 Litern flüssiger Schoki kosten.
www.schokoladenmuseum.de

Das **Kölner Karnevalsmuseum** (Maarweg 134–136): Natürlich gibt es in DER Hochburg des Karnevals auch das passende Museum und hier können auch eingefleischte Jecken noch was lernen. Mit vielen Videos und Fotos wird dem Besucher die Entwicklung des Karnevalbrauchtums nähergebracht. Dazu gibt es jede Menge Kostüme und Orden zu bestaunen und es wird auch das schwierige Thema Karneval während der NS-Regierung behandelt.
www.koelnerkarneval.de   --> Museum

Die **Flora** (Amsterdamerstr. 34) ist der Botanische Garten von Köln und besteht schon seit über 150 Jahren. Hier lohnt sich zu jeder Jahreszeit ein Besuch, denn es gibt immer etwas zu sehen. Das Gelände ist so weitläufig, dass Du hier Ruhe und Entspannung findest, während Du 10.000 verschiedene Pflanzenarten bestaunst. Und das Beste ist, der Eintritt ist kostenlos, denn die Flora wird von der Stadt Köln und dem Förderverein finanziert. Sollte Dein geliebter Gummibaum mal die Blätter hängenlassen, kannst Du die Sprechstunde des Pflanzendoktors besuchen.
www.freundeskreis-flora-koeln.de

Im **Farina Haus** (Obermarspforten 21) wurde ein Stück Weltgeschichte geschrieben. Hier erfand Johann Maria Farina vor über 300 Jahren das Eau de Cologne. Er war der erste Parfümeur, der es schaffte, fast reinen Alkohol zu destillieren. Durch seine Destillationskunst war es möglich, einen Duft zu produzieren, der von immer

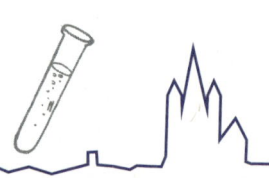

gleicher Qualität war. Diese spannende Entwicklung kannst Du hier nachverfolgen und zudem an den wertvollen Essenzen schnuppern. www.farina-haus.de

Skulpturenpark (Elsa-Bränd-ström-Str. 9/ Haupteingang um die Ecke auf der Riehler Str.): Seit über zehn Jahren dient ein ehemaliges Brachgelände als Park, in dem zeit-genössische Kunst ausgestellt wird. Alle Exponate stehen im Freien und Du kannst sie Dir aus nächster Nähe ansehen. Der Park ist das ganze Jahr lang geöffnet und kostet keinen Ein-tritt. www.skulpturenparkkoeln.de

KölnTag (Unser Tipp): Dieses Event findet ca. neunmal im Jahr statt und bietet freien Eintritt in viele Kölner Museen. Die meisten sind an diesem Tag bis 22.00 Uhr geöffnet, damit Du alles in Ruhe anse-hen kannst. Voraussetzung für den Gratis-Eintritt ist eine Kölner Adresse in Deinem Personalausweis. Perso also nicht vergessen! www.museenkoeln.de --> Service --> KölnTag

Konzerte

Dass der Kölner gerne feiert und Musik hört, hat sich ja bereits weit rumgesprochen, daher ist es nicht verwunderlich, dass es zig Kon-zerthallen gibt. Wir versuchen, Dir die Qual der Wahl etwas leich-ter zu machen. Dann mal: „Rock on" ... oder so

Jazz

Em Streckstrump (Buttermarkt 37): Papa Joes Jazzlokal ist mitten in der Kölner Altstadt. Obwohl die Kneipe Em Streckstrump (kölsche

Bezeichnung für Strickstrumpf) heißt, wird hier internationaler Jazz gespielt. Die Einrichtung ist urig, aus Holz und an den Wänden hängen kuriose Raritäten.

Seit dem 39-jährigen Bestehen des Lokals wurde hier sicher noch nie renoviert, aber so stellt man sich ja auch einen richtigen Jazz-Schuppen vor. Der Eintritt ist kostenlos und wird über die Getränkepreise reingeholt, Du solltest also nicht mehr Durst als Geld dabei haben. www.papajoes.de --> Strickstrumpf

Metronom (Weyerstr. 59): Seitdem es die neuen Raucher-Gesetze gibt, wagen sich auch wieder die Nichtraucher in den Laden. Die vergilbten Wände zeigen noch heute, dass hier über 30 Jahre gerne zum Glimmstängel gegriffen wurde. Zu hören gibt es ausschließlich Jazz, mal live, mal von einer der unzähligen Schallplatten. Geöffnet ist so lange, wie die aktuelle Thekenkraft Lust hat. www.facebook.com/MetronomKoeln

Das **Barinton** (Grüner Weg 2) ist ein besonderes Lokal, denn es gibt hier mindestens viermal in der Woche Live-Musik und sogar eine Hausband. Mittwochs gibt es Jazz von verschiedenen Bands aus dem Kölner Raum und donnerstags jammt die Hausband gemeinsam mit befreundeten Künstlern. Wenn die Barinton-Band am Wochenende spielt wird, wild getanzt. www.barinton.com

Das **Brauhaus Gaffel** in Marienbildchen (Aachener Str. 561) ist eine traditionelle Kölsch-Kneipe, denn seit 1883 befindet sich eine Gaststätte in den Räumlichkeiten. Hier findet jeden zweiten Sonntag im Monat der Jazz-Frühschoppen statt. Der Ein-

tritt ist frei und die Musiker sammeln nach der Veranstaltung Geld mit einem Hut ein. www.marienbild.de

Bürgerhaus Kalk (Kalk-Mülheimer-Str. 58): Hier finden mehrmals im Monat unterschiedliche Veranstaltungen statt und manchmal ist auch Jazz dabei. Schau einfach mal in den Veranstaltungskalender, denn die Konzerte sind, da es ein Bürgerhaus ist, immer sehr preiswert. www.buergerhauskalk.de

Schon erstaunlich, dass es das **Loft** (Wissmannstr. 30) nach über 20 Jahren immer noch gibt, denn es ist wie damals ein Ein-Mann-Betrieb. Es besteht aus einem Konzertraum und einem Tonstudio, aber die bescheidene Größe sagt nichts über die Qualität der Konzerte: Mit den Jahren wurde die Liste der grandiosen Jazz-Virtuosen, die hier auftreten, nämlich immer länger. www.loftkoeln.de

Pop/Rock

In einer ehemaligen Fabrikhalle befindet sich die **Live Music Hall** (Lichtstr. 30). Hier gibt's Hardcore, Metal oder Punkrock auf die Ohren und alles von 20-50 Jahren pogt. Vor der Halle gibt es ein paar Bänke und eine mobile Pommes-Bude.
www.livemusichall.de

Das **Underground** (Vogelsangerstr. 200) ist eine der beliebtesten Locations in Köln und ein echt abgerockter Laden. Hier finden Konzerte aus den Bereichen Rock, Hardcore oder Metal statt. Der Laden ist war immer mal wieder vom Abriss bedroht. Doch seine treuen Fans halten zum Underground und gehen für seinen Erhalt wenn nötig auch demonstrieren. Das Außengelände besteht aus einem

Köln   endlich   endlich   Köln
endlich

Konzert Kinosessel
Klassik Theater
Poetry-Slam

großen Biergarten mit Graffitis an den Wänden und einem Imbiss. Innen gibt es im linken Bereich die Kneipe mit Kickern und im rechten den Konzertraum. Die Altersspanne hier ist riesig. www.underground-cologne.de

Das **MTC** (Zülpicherstr. 10) ist ein kleiner Club in der Innenstadt von Köln und Anlaufstelle für Metall- und Rock-Fans. Auch das MTC sieht etwas heruntergekommen aus, aber eine Modernisierung würde sich auch gar nicht lohnen, denn wo Headbanger sind, da fallen auch mal Biergläser auf den Boden. Die Klientel reicht vom jungen Metaller mit Anfang 20 bis zum 50-jährigen in Kutte mit Aufnähern seiner Lieblingsbands. www.mtcclub.de

Das **E-Werk** (Schanzenstr. 36) befindet sich etwas außerhalb im Stadtteil Köln-Mülheim. Es ist ein ehemaliges Umspannwerk, das unter Denkmalschutz steht. Die Idee, hier eine Event-Location aufzumachen, kam von der Kölner Band BAP. Seitdem finden hier auch Konzerte von bekannten Künstlern statt. www.e-werk-cologne.com

Konzerthalle Palladium (Schanzenstr. 40): Wenn ein Konzert im E-Werk schnell ausverkauft ist, wird es oft ins Palladium verlegt. Denn hier gibt es Platz für 4.000 Besucher und die Veranstaltungsfirma betreibt beide Hallen. www.palladium-koeln.de

Die Einrichtung des **Blue Shell** (Luxemburgerstr. 36) ist im 1950er-Jahre-Stil mit schwarz-weiß kariertem Boden und blauen Stühlen gehalten. Das Publikum besteht aus älteren Studenten und Familienvätern um die 50. Die Bands sind Newcomer, die Rock oder Rockabilly spielen. Hierher kommst Du, wenn Du keine großen Clubs magst und eher ein stiller Genießer bei Konzerten bist, tanzen ist aber natürlich nicht verboten. www.blue-shell.de

Im kleinen Luxor (Luxemburgerstr. 40) kannst Du Bands in intimer Atmospähre sehen, bevor sie so richtig groß rauskommen. Hier sind so gut wie alle Musikrichtungen vertreten. An einem Tag kannst Du

eine norwegische Indie-Band sehen und am nächsten den Dritt-
platzierten aus der zehnten Staffel von „Deutschland sucht den
Superstar". www.luxor-koeln.de

Der **Stadtgarten** (Venloerstr. 40) befindet sich mitten im angesagten Belgischen Viertel. Dieses Lokal ist der richtige Ort für Dich,
wenn Du gerne mal Musik mit traditionellen Instrumenten in neuem Gewand hörst oder wissen willst, was die junge iranische
Musik-Szene so treibt. Das Publikum schwankt zwischen Hippie-
Mädeln, die ihre Röcke wehen lassen, und älteren Leuten, die
gespannt lauschen. **Das Studio 672** (Venloerstr. 40) liegt genau
unterhalb des Stadtgartens und wird von denselben Veranstaltern
betrieben. Der kleine Club liegt so versteckt, dass sicher noch nie
jemand durch Zufall ins Studio 672 gestolpert ist. Hauptsächlich
gibt es hier Dancehall und Reggae. www.stadtgarten.de

Das **Gebäude 9** (Deutz-Mülheimer-Str. 127) liegt auf der Grenze
zwischen den Stadtteilen Deutz und Mülheim und ist wie viele
Läden in Köln in einer alten Industriehalle untergebracht. Im vorderen Bereich befindet sich eine kleine Bar, die von der Konzerthalle
etwas abgetrennt ist. Die Wände sind mit Eddings vollgekritzelt und
mit vielen Stickern beklebt. Die Stühle und Barhocker sind auch alle
bunt zusammengewürfelt und sorgen für eine Untergrund-Club-
Atmosphäre. Musikalisch gibt es hier unbekanntere Indie- und
Rock-Bands, oft aber auch Auftritte von bekannten Elektro-DJs.
www.gebaeude9.de

Das **Mülheimer Bürgerzentrum** (Berlinerstr. 77) wird von allen
Kölnern eigentlich nur „Mütze" genannt. Der Verein finanziert sich
hauptsächlich durch Spenden und bietet für alle Bürger ein buntes
Veranstaltungsprogramm, einen Umsonstladen, Sozialberatung und
diverse Kurse an. Die Konzerte, die im hinteren Raum stattfinden,
reichen von Jazz über Rock bis Reggae und der Eintritt ist sehr günstig. www.muetze-buergerhaus.de

Köln endlich endlich Köln
endlich

Das **RheinEnergieStadion** (Aachenerstr. 999) ist, etwas außerhalb im Stadtteil Müngersdorf gelegen, die größte Konzertarena Kölns. Bis zu 50.000 Besucher jubeln hier ganz unterschiedlichen Bands, wie Coldplay oder den Toten Hosen, zu. Besser mit Bus und Bahn oder dem Fahrrad anreisen, denn parken, kannst Du hier vergessen. Falls Du für ein Konzert mal kein Ticket bekommen hast, kannst Du trotzdem zum Stadion gehen, denn auf der Jahnwiese die gegenüber vom Stadion ist, treffen sich Gratis-Lauscher. Es laufen viele Verkäufer mit Brezeln und Getränken herum und es entsteht eine richtige Volksfeststimmung. Manche der Bands lassen bei den letzten Liedern die Gratis-Zuhörer sogar ins Stadion.
www.koelnersportstaetten.de

Auch in der **KulturKirche** (Siebachstr. 85) in Köln-Nippes kannst Du einzigartige Konzerte erleben. In dieser echten evangelischen Kirche finden seit einigen Jahren regelmäßig Konzerte statt. Trotzdem wird die Kirche weiterhin jeden Sonntag für Gottesdienste genutzt. Sogar der Cartoonist Ralf König konnte hier gemeinsam mit Hella von Sinnen seinen neuen Comic namens „Archetyp" präsentieren. In diesem Comic geht es um eine sehr gewagte Version von Adam und Eva. Und nur weil es eine Kirche ist, brauchst Du auch nicht auf Dein obligatorisches Bierchen zu verzichten, denn hier gibt es auch eine Theke mit Getränken. www.kulturkirche-koeln.de

Klassik

Wenn Du klassische Konzerte besuchen möchtest, ist die **Kölner Philharmonie** (Bischofsgartenstr. 1), die erste Adresse, denn sie zählt zu den beliebtesten Konzertsälen Europas. Seit der Eröffnung unter dem Direktor Frank Xaver Ohnesorg, treten hier berühmte Orchester wie das London Philharmonic Orchestra, oder die Wiener Philharmoniker auf. Neben Sinfonien und Kammermusik gibt es auch Konzerte aus dem Bereich der klassischen Moderne oder Klassik für Kinder. Gegen Hustenanfälle während des Konzerts kannst

Du Dich mit gratis Halsbonbons an der Garderobe rüsten.
www.koelner-philharmonie.de

Die **Hochschule für Musik und Tanz**
(Unter Krahnenbäumen 87) bietet Tän-
zern und Musikern eine klassische
Hochschul-Ausbildung und gilt als die
größte Musikhochschule Europas. Das
Studium bietet den Studenten viele
Auftrittsmöglichkeiten, die meistens
kostenlos und öffentlich zugänglich
sind. Von Streichquartetten, die Haydn
und Beethoven spielen, über Gedichte
aus dem alten China, die mit Flügelbe-
gleitung vorgetragen werden, gibt es
beinahe alles. So kannst Du hier die

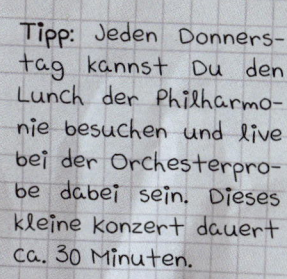

Tipp: Jeden Donners-
tag kannst Du den
Lunch der Philharmo-
nie besuchen und live
bei der Orchesterpro-
be dabei sein. Dieses
kleine Konzert dauert
ca. 30 Minuten.

Stars von morgen erleben, denn zu den Absolventen zählen
durchaus große Namen, wie zum Beispiel Jazz-Musiker Till Brönner.
www.hfmt-koeln.de

Das **DOMFORUM** (Domkloster 3) befindet sich gegenüber des Kölner Doms und ist täglich geöffnet. Dieses Veranstaltungszentrum
der katholischen Kirche bietet ganz unterschiedliche, kostenlose
oder preiswerte Veranstaltungen an. Auch die Auswahl klassischer
Musik, die hier gespielt wird, ist sehr vielseitig. An einem Tag
kannst Du ein Orchester konzertante Zupfmusik zelebrieren sehen,
an anderen erlebst Du z.B. ein klassisches Klavierkonzert mit Stücken von Bach. www.domforum.de

Gürzenich (Gürzenichstr. 6): Auch hier gibt es eine ganze Reihe
klassischer Konzerte. Das hauseigene Gürzenich-Orchester zählt zu
den führenden Orchestern in Deutschland. Es tritt häufig gemeinsam mit dem Domchor auf und spielt Strawinsky, Plate und Bern-
stein oder Werke von Haydn und Mahler. Oder aber, es begleitet das

Köln endlich endlich Köln
endlich

„Experiment Klassik" von Fernsehmoderator Ranga Yogeshwar.
www.guerzenich-orchester.de

Das **Bürgerhaus Stollweck** (Dreikönigenstr. 23) ist das größte Bürgerhaus von Köln und in einer alten Fabrik des Schokoladenherstellers Stollwerck untergebracht. Es ist von einem schönen kleinen Park umgeben und bietet in unregelmäßigen Abständen klassische Konzerte wie das Kabarettkonzert Pro:C-dur, bei dem es eine bunte Mischung aus Kabarett, Rock und Klassik gibt, oder auch Klavierkonzerte von Armin Fischer, die sogar Klassikmuffeln Spaß an der Musik machen. www.buergerhaus-stollwerck.de

Lesen & Lauschen

Poetry Slam

Natürlich kommt der Poetry Slam aus den USA, allerdings war Köln eine der ersten Städte in Deutschland, die einen Slam veranstaltete. Bereits 1993 gab es die Veranstaltung „Dichter in den Ring". Mittlerweile gibt es eine große Poetry-Slam-Szene und sogar schon Landesmeisterschaften.

Bei **Reim in Flammen** im Club Bahnhof Ehrenfeld (Bartholomäus-Schink-Str. 65) haben die Poetry Slammer nur fünf Minuten, um das Publikum auf ihre Seite zu ziehen. Der Sieger wird mit Hochprozentigem belohnt. Geslamt wird jeden letzten Dienstag im Monat. www.reim-in-flammen.de

Auch das **Blue Shell** (Luxemburgerstr. 32) hat seinen eigenen Poetry Slam, nämlich „The word is not enough". Zu diesem Slam solltest Du möglichst früh kommen, denn er ist sehr beliebt. Das liegt sicher auch daran, dass der Moderator Alexander Bach selbst ein Slammer ist, und amüsant durch den Abend führt. Jeden dritten Sonntag im Monat dürfen acht Künstler versuchen, das Publikum

nur mit ihren Erzählungen zu belustigen, Requisiten und Instrumente sind nicht erlaubt. Danach bewerten die Zuschauer per Stimmzettel, wie ihnen der Auftritt gefallen hat.
www.poetryslam-koeln.blogspot.de

Raum ganz schön Kalk (Kalk-Mülheimer-Str. 61) ist ein Zusammenschluss von verschiedenen Leuten, die mit dem mageren Veranstaltungsangebot in Kalk nicht zufrieden waren. Auch hier wird geslamt und zwar bei „Stille Post". Sie findet unregelmäßig statt und kostet keinen Eintritt, um  Spenden wird jedoch gebeten, denn hier ist alles selber organisiert und finanziert. www.ganzschoenkalk.tumblr.com

Lesungen

Aufgrund der vielen Literaturveranstaltungen könnte man glatt denken, der Kölner ist zu faul, um selber zu lesen. Aber wahrscheinlich genießt er ein Buch einfach lieber in Gesellschaft, weil er nicht gerne allein ist.

Das **Literaturhaus Köln** (Schönhauserstr. 8) ist für Lesungen die beste Adresse in Köln, denn hier finden pro Jahr über 100 Veranstaltungen statt. Es gibt ein breites Angebot für Erwachsene, aber auch für Kinder und Jugendliche. Bekannte Schriftsteller wie Umberto Eco, Orhan Pamuk oder Paul Auster besuchten bereits das Literaturhaus. www.literaturhaus-koeln.de

Früher wurde in der **King Georg Klubbar** (Sudermannstr. 2) Table-Dance geboten und ein wenig ist von dieser verruchten Stimmung noch übrig geblieben. Die Wände dieser Bar sind holzvertäfelt und sitzen kann man auf braunen Ledersofas. Da das Georg sehr klein ist, solltest Du auch bein unbekannteren Autoren Karten im Vorverkauf besorgen. www.kinggeorg.de

Das **Café Goldmund** (Glasstr. 2) ist bereits optisch ein Literatur-Café, denn die Wände sind voller Bücherregale. Da wundert es nicht, dass hier regelmäßig Lesungen veranstaltet werden. Eine nette Idee sind auch die Abende mit Drei-Gänge-Menüs, zu denen Geschichten vorgelesen werden.
www.goldmundkoeln.de

Die kleine, aber feine **Buchhandlung Ulrich Klinger** (Rochusstr. 93) bietet neben Büchern und Fairtrade-Kaffee auch unterschiedliche Veranstaltungen. Mal ist es ein Liederabend mit Chansons von Edith Piaf oder Almut Rau mit ihrem Einpersonenstück Dolores, frei nach Horrorautor Stephen King. www.klinger.online.de

Auf der Internetseite der Stadt Köln kannst Du Dich über Veranstaltungen in der **Stadtbibliothek Köln** (Josef-Schwartz-Anlage 1) informieren. Die Stadtbibliothek bietet an ihren verschiedenen Standorten Lesungen für alle Altersklassen an, sogar schon für Babys ab 2 Monaten. www.stbib-koeln.de

Literaturfestivals

Wenn Du gerne Lesungen besuchst und neugierig bist, wie andere Leute wohnen, ist das kleine Festival **Literatur in den Häusern der Stadt** spannend für Dich. Viele der Veranstaltungen finden in den privaten Wohnzimmern oder Gärten von Literatur-Fans statt.

Während der Lesung sitzt Du vielleicht in der intimen Umgebung von Familie Beckers schicker Villa. www.kunstsalon.de

--> Literatur in den Häusern der Stadt

Rheinlesen (verschiedene Lokale im Rheinauhafen): Das Literaturfest konzentriert sich auf Themen, die Bezug zu Köln haben. Hier werden Gruselgeschichten aus der Kölner Altstadt erzählt oder die „Akademie für uns kölsche Sproch" veranstaltet eine kölsche Lesung. www.rheinlesen-koeln.de

Die **lit. Cologne** (verschiedene Veranstaltungsorte) ist das größte Literaturfestival in Köln und findet immer im März statt. Wegen der großen Beliebtheit beginnt der Vorverkauf der Tickets bereits im Dezember des Vorjahres. Also solltest Du früh genug Karten kaufen, wenn Du eine Veranstaltung auf gar keinen Fall verpassen willst! Bei den jährlich ca. 170 Lesungen traten schon Berühmtheiten wie Kofi Annan, Michail Gorbatschow, T.C. Boyle oder Literatur-Nobelpreisträgerin Herta Müller auf. Da nicht jeder Autor anwesend sein kann oder die deutsche Sprache beherrscht, werden Texte auch von prominenten deutschsprachigen Persönlichkeiten vorgetragen, wie Senta Berger oder Charlotte Roche. Auch die Moderation der unterschiedlichen Lesungen übernehmen keine Unbekannten, sondern TV-Moderatoren wie Roger Willemsen oder Frank Plasberg. www.litcologne.de

Open-Stage

Das Kölner Publikum findet Poetry Slams zwar ganz nett, aber noch beliebter sind die Open-Stage-Veranstaltungen, denn dort ist alles erlaubt. Einige der Künstler müssen dabei ein dickes Fell beweisen, denn wenn die Show dem Publikum nicht gefällt, wird gepfiffen und ausgebuht. Zum Trost bekommen die Künstler nachher meistens nur einen Schnaps gratis.

Köln endlich endlich Köln

endlich

Low Budget (Aachenerstr. 47): Der Name „Die offene Wunde" trifft es ganz gut für diese Veranstaltung, denn hier wird den Zuschauern echt schräges Zeug geboten. Die Termine sind aber immer auf einen Samstag gelegt, da ist das angetrunkene Publikum vielleicht nicht ganz so anspruchsvoll. Die Veranstaltung hat längst Kultcharakter. www.lowbud.de

Hinter Kunst gegen Bares im **arttheater** (Ehrenfeldgürtel 127) steckt ein interessantes Konzept, denn hier gibt es keinen läppischen Schnaps für den Sieger des Abends, sondern wirkliches Geld. Jeden Montagabend finden sich die unterschiedlichsten Künstler im arttheater ein, um sich auf der Bühne zu präsentieren. Nach dem Auftritt erhält jeder ein Sparschwein in das die Besucher so viel Geld einwerfen, wie sie wollen, am Ende wird der Sieger zum Kapitalistenschwein des Abends gewählt. www.arttheater.info

Zu später Stunde, nämlich um 23.30 Uhr, gibt es die Dichterstunde im **Café Storch** (Aachener Str. 17). Bei Kerzenschein werden im Storch Texte und Gedichte zu den Themen Philosophie und Politik vorgelesen. Hier zählt der Denkanstoß und nicht die reine Belustigung.

Linus Talent Probe ist definitiv der härteste Gesangscontest im deutschen Raum und wird auch als die Mutter aller Casting-Shows bezeichnet. Zu Recht, denn bereits in den 1970er Jahren flogen hier bei schiefen Tönen schon die Tomaten. Der Songcontest findet immer als Open-Air im Tanzbrunnen (Rheinparkweg 1) statt und das Publikum ist gut gerüstet – mit Trillerpfeifen und Transparenten. Nichts für Weicheier! www.linus-talentprobe.de

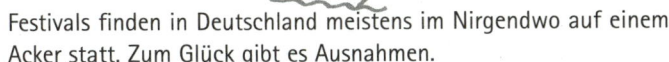

Festivals

Festivals finden in Deutschland meistens im Nirgendwo auf einem Acker statt. Zum Glück gibt es Ausnahmen.

Der **Summerjam** (Fühlinger See) ist ein Festival mit internationalen Künstlern aus Reggae, Dancehall und Hip Hop. Er findet immer Anfang Juli am Fühlinger See statt. Meistens spielt das Wetter mit und es kommt bei den Besuchern richtige Urlaubsstimmung auf. Während Du im See badest, kannst Du den Künstlern auf der Bühne zuhören, Dich danach gemütlich an Dein Zelt setzen, grillen und das Leben genießen. www.summerjam.de

Amphi Festival (Tanzbrunnen): Die Besucher des Festivals freuen sich wahrscheinlich nicht so sehr über die sommerlichen Temperaturen, denn sie tragen meist schwarze Leder- oder Lackkleidung. Dieses Festival wird von allen Ghotics schwarz im Kalender markiert, denn hier treten bekannte Künstler aus den Bereichen EBM, Ghotic, Metal und Industrial auf. Bei dem dreitägigen Festival kannst Du auch im nahegelegen Jugendpark zelten.
www.amphi-festival.de

Köln   endlich   endlich   Köln

endlich

Konzert Kinosessel
Klassik
Theater
Poetry-Slam

Das **C/O Pop** (verschiedene Veranstaltungsorte) ist ein Überbleibsel aus der Zeit, als die Popkomm Messe noch in Köln stattfand. Hier kannst Du Dir anhören, was die neuesten Künstler der elektronischen Musik zu bieten haben, egal ob Bands oder DJs. www.c-o-pop.de/festival

Edelweißpiraten Fest (Friedenspark, Oberländer Wall/Titusstr.): Bei diesem Event soll an die mutigen Edelweißpiraten während der NS-Zeit erinnert werden, die sich trafen, um Musik zu machen, aber auch Juden und geflohene KZ-Häftlinge versteckten und zu Lebensrettern wurden. Zu den Mitgliedern gehörten auch Jugendliche, die ohne Gerichtsurteil am Ehrenfelder Bahnhof gehängt wurden. Die Bands, die hier auftreten, interpretieren alle ein Lied der Edelweißpiraten auf ihre Art neu und spielen auch sonst unangepasste Populärmusik. Das Fest findet nachmittags statt und wird von allen Altersgruppen besucht, die dafür sorgen möchten, dass die Edelweißpiraten nicht in Vergessenheit geraten. www.edelweisspiratenfestival.de

Die Musik bei der **Kölner Musiknacht** (verschiedene Veranstaltungsorte) variiert zwischen Alter Musik, Klassik, World Music, Jazz, Elektro sowie Chormusik. Da der Kölner ein großer Freund von „Hopping-Veranstaltungen" ist, also von Konzerten, die an unterschiedlichen/ungewöhnlichen Orten stattfinden und zu denen man mit einem speziellen Bus fährt, ist auch dieses Musikfestival sehr beliebt. Eine ganze Nacht lang kannst Du bei der Musiknacht zwischen über 20 Orten hin- und herfahren und Dir Deine persönlichen musikalischen Rosinen rauspicken. www.koelner-musiknacht.de

Der Ruf der **Poller Wiesen** (Jugendpark, Sachsenbergstr.) hat sich bis nach Berlin rumgesprochen, wo es nun auch eine Poller-Wiesen-Party gibt. Ein paar befreundete DJs trafen sich vor ein paar Jahren nachmittags an den Poller Wiesen, um Musik zu machen und zu grillen. Schnell kamen immer mehr Leute, bis die kostenlo-

se Veranstaltung in den Jugendpark verlegt werden musste. Mittlerweile musst Du zwar Eintritt zahlen, aber es lohnt sich, denn das DJ-Line-up enthält bekannte Elektro-DJs. Auch heute finden die Partys open-air und tagsüber statt. www.pollerwiesen.org

Festivals mal anders

Kulturfestivals sind in Köln keine langweiligen Veranstaltungen, die Dich an Vorlesungen in der Uni erinnern, sondern es darf sich auch richtig eingesaut werden.

Beim Köln **Comedy Festival** (verschiedene Spielorte) kannst Du so richtig schön Deine Lachmuskeln trainieren, denn hier treten bekannte Größen aus den Bereichen Comedy und Kabarett auf. www.koeln-comedy.de

Im Rahmen des **Cologne Urban Art Festival City Leaks** (verschiedene Orte) wird Köln mit neuen Graffitis verschönert und das ganz legal. Hier kannst Du Dich bei Spaziergängen, die von bekannten Graffiti-Künstlern geleitet werden, über die künstlerische Entwicklung der Stadtteile Ehrenfeld oder Belgisches Viertel informieren. Außerdem gibt es Kurzfilme, Ausstellungen und Installationen. www.cityleaks-festival.de

Beim **Holi Festival** (Festplatz an der Gummersbacherstr.) darfst Du Dir einen Kindheitstraum erfüllen, denn hier ist einsauen ausdrücklich erwünscht. Bei diesem Fest bewerfen sich die Teilnehmer nämlich mit Farbbomben aus Maismehl. In Nordindien wird so der Frühling begrüßt. Mittlerweile ist das Spektakel zum Exportschlager geworden und in vielen deutschen Städten wundert man sich über die bunten Gestalten, wenn sie nach dem Fest in der U-Bahn sitzen. www.holifestival.com --> köln

Die berühmtesten Tänze sind sicher der sterbende Schwan und der Moonwalk, wenn Du Deinen Horizont erweitern möchtest, hast Du

Köln   endlich   endlich   Köln
                    endlich

in Köln bei **tanz NRW** (unterschiedliche Veranstaltungsorte) die Gelegenheit dazu. In acht unterschiedlichen Städten in Nordrhein-Westfalen, findet das Tanzfestival statt. Es soll vor allem auf die freie Tanz-Szene aufmerksam machen, die weit mehr bietet als klassisches Ballett. www.tanz–nrw–aktuell.de

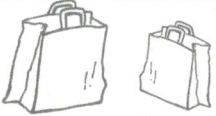

Messen

Köln ist eine der großen Messe-Städte, meistens sind es allerdings eher uninteressante Sachen, die dort präsentiert werden. Oder es darf nur Fachpublikum an der Messe teilnehmen. Aber ein paar Termine im Jahr kannst Du Dir ruhig im Kalender rot markieren.

Gamescom in der Kölner Messe (Deutz-Mülheimer Str. 51): Du hast keine Lust mehr, „World of Warcraft" zu spielen, und willst wissen, was es auf dem Computer- und Konsolenspielemarkt Neues gibt? Dann besuch die Gamescom. Du solltest aber früh kommen, denn die Messe ist sehr beliebt und an den Stationen bilden sich lange Schlangen. Es gibt zwar auch eine bestimmte Anzahl von Eintrittskarten, die sich Fast Pass nennen, aber auch mit denen musst Du leider lange warten. Abends kannst Du das dazu gehörige Gamescom-Festival auf den Kölner Ringen besuchen, dort spielen bekannte Bands umsonst und draußen. www.gamescom.de

role play in der Kölner Messe (Deutz-Mülheimer Str. 51): Auf der Rollenspielmesse treffen sich alle begeisterten Rollenspieler, egal ob Larper oder Pc-Spieler. Hier sehen sich viele der Clans zum ersten Mal im real life. Außerdem gibt es Schaukämpfe, Lesungen, Workshops und Autogrammstunden mit Stars der Szene. www.rpc-germany.de

photokina Messe (Deutz-Mülheimer Str. 51): Falls Du die Welt gerne durch die Linse betrachtest und Dich für die neuesten Kameras interessierst, dann geh zur photokina. Sie findet sich auch in den

großen Messehallen der Köln Messe statt und ist ein Publikumsmagnet. An den sechs Messe-Tagen im Jahr 2013 kamen über 180.000 Besucher. Während der photokina ist es fast unmöglich, im Kölner Raum oder Umland ein Hotelzimmer zu bekommen. Also besser den Besuch an einem anderen Wochenende einladen.
www.photokina.de

Intermot (Deutz-Mülheimer Str. 51): Die Intermot ist eine internationale Motorrad-, Roller- und E-Bike-Messe und findet meistens im Oktober statt. Der ökumenische Motorrad-Gottesdienst, der im Kölner Dom gefeiert wird, hat mittlerweile auch schon Tradition. Vorm Dom treffen dann viele Motorrad-Clubs und Biker mit ihren Maschinen ein und lassen diese weihen. Danach fahren sie im Korso zur Köln-Messe nach Deutz. www.intermot.de

Karneval

Die einen lieben Karneval, die anderen hassen ihn. Es gibt wenig in Köln, das so polarisiert. Wenn Du also keine Lust auf kölsche Musik und verkleidete Leute hast, solltest Du für ein paar Tage die Stadt verlassen. Der kölsche Wahnsinn beginnt **am 11.11. um 11.11 Uhr**, da gibt es dann bereits den typischen Straßenkarneval mit Verkleidungen aller Art und viel Bierkonsum. Danach wird es bis zum Februar etwas ruhiger, aber nicht ganz still, denn es gibt ja noch diverse Karnevalssitzungen. Bei denen ist für (fast) jeden Geschmack etwas dabei, ob Herrensitzungen, Damensitzungen, Familiensitzungen oder auch schwule Sitzungen.

Bei den schwulen Sitzungen wird anstatt „Kölle Alaaf!" allerdings „Kölle Aloha!" gerufen, das solltest Du beachten. Ab Weiberfastnacht geht es dann richtig los, ab 11.11 Uhr wird auf der Straße gefeiert und bei den meisten Jobs arbeitet auch keiner mehr. Auch in fast jeder Kneipe läuft dann Karnevalsmusik.

Während dieser Zeit kannst Du auch mehrere Karnevalszüge besuchen. Dort solltest Du fleißig Kamelle (Süßigkeiten) und Strüssjer (Blumensträuße) rufen um von den Gruppen gehört und beschenkt zu werden. Als Frau gibt man außerdem als Dankeschön für die Blumen ein Bützje (Küsschen auf die Wange). Am Veilchendienstag kommt dann noch die Nubbelverbrennung: Der Nubbel ist eine Puppe, die während der Karnevalszeit über einer Kneipe hängt. Sie dient als Sündenbock und wird in einer humorvollen Zeremonie verbrannt. Am Aschermittwoch ist alles vorbei und man trifft sich zum traditionellen Fischessen.

> Tipp: „Loss mer singe!-Veranstaltung" besuchen, bei der Du die neuen Karnevalslieder der session kennenlernst. Hier wird auch gleich über die besten abgestimmt.
> www.lossmersinge.de

Umzüge

Einen wichtigen Bestandteil des Karnevals machen die Karnevalszüge aus. Es ist unmöglich, alle aufzuzählen, denn Du kannst von Weiberfastnacht bis Veilchendienstag jeden Tag Züge besuchen. Zur Einstimmung kannst Du an Weiberfastnacht den Zug von Jan und Griet sehen – die beiden Figuren gehören zu einer kölschen Legende. Zur Einstimmung gibt es an der **Severinstorburg** (Chlodwigplatz) ein kleines historisches Theaterspiel mit Jan und Griet. Danach zieht das Reitercorps Jan von Werth mit anderen Karnevalsgruppen in die Altstadt. Dieser Zug dauert nur ein paar Stunden und am Weg ist nicht so viel los wie bei den anderen.

Oder Du besuchst Sonntag den **Schull- und Veedelszöch** (Schul- und Stadtteilzug). Der Zugweg ist hier genau derselbe wie beim Rosenmontagszug, mit dem Unterschied, dass hier viele Schulen

mitgehen, natürlich werden auch ordentlich Süßigkeiten geworfen und viele Musikgruppen laufen auch mit.

Montags kommt dann DAS Highlight für viele in Köln: **Der Rosenmontagszug**. Hier fliegen Dir, je nachdem, wo Du am Zugweg stehst, die Kamelle nur so um die Ohren. Du solltest Dich besser nicht in der Nähe des Doms/Hauptbahnhofs aufstellen, denn wegen der vielen Besucher wirst Du nicht viel vom Zuggeschehen sehen können. Die Stimmung ist da leider auch nicht so gut, denn die Touristen können oft die kölschen Lieder nicht mitsingen. Solltest Du Sitzplätze auf einer der Tribünen mieten wollen oder sogar ein Fenster in einer Privatwohnung, musst Du schnell sein und oft ordentlich blechen. Der Tribünenplatz lohnt sich aber auf jeden Fall, wenn Dich Deine Oma besuchen kommt, die nicht mehr so lange im Gedränge stehen kann.

Zum Abschluss gibt es dann am Veilchendienstag noch die **Dienstagszüge** in den Stadtteilen, die ähnlich wie der Zug an Weiberfastnacht sind. Diese Züge eignen sich auch mit kleinen Kindern, weil es wenige große Wagen gibt und auf den Bürgersteigen nicht so viel los ist.

Aber egal, für welchen Du Dich entscheidest, Du solltest Dich verkleiden(!). Denn erstens hast Du dann bessere Chancen, Kamelle und Strüssjer zu bekommen, und zweitens fühlst Du Dich nicht wie ein Außerirdischer unter den Verkleideten. www.koelnerkarneval.de

Keine Lust auf so viel Tamtam? Dann lauf mit beim „Geisterzug". Das Motto ist oft sozialkritisch und führt die Jecken durch weniger beliebte Stadtteile. Hier gibt es gar keine Karnevalsmusik, keine

Köln   endlich   endlich   Köln
                                    endlich

Süßigkeiten und auch sonst keine Karnevalsgruppen. Einfach in ein gruseliges Kostüm werfen, Trillerpfeifen einpacken und in der Dunkelheit jaulend durch die Straßen ziehen. www.geisterzug.de

Karnevalssitzungen mal anders

Immisitzung (Bürgerhaus Stollwerck): Als „Immis" werden Leute bezeichnet, die nicht in Köln geboren sind. Das Ensemble der Sitzung stammt aus neun verschiedenen Nationen und zieht sich selber gerne durch den Kakao. Sie tragen Karnevalslieder auf Griechisch vor, machen aus der Kindersendung „Wissen macht Ah!" die türkische Version „Wissen macht Ü!" oder versuchen im Gazastreifen den Liebesfilm „Gazablanca" zu drehen. Der Humor bei dieser Sitzung ist deftig und unangepasst, aber sicher einzigartig. www.immisitzung.de

Die **Stunksitzung** (E-Werk) wurde von einem Studentenkollektiv gegründet, das keine Lust mehr auf steife Karnevalssitzungen hatte. Stunk bedeutet Gestank und ist eine Anspielung auf die Prunksitzung. Die Musiker und Redner beschäftigen sich in ihren Beiträgen mit Lokal- und Weltpolitik und bekommen gelegentlich wegen Witzen, bei denen zum Beispiel der Papst aufs Korn genommen wird, auch mal eine Strafanzeige wegen Beleidigung. Bisher wurden aber alle Verfahren fallengelassen und 2013 konnte die Stunksitzung ihren 30. Geburtstag feiern. www.stunksitzung.de

Bleib auf dem Laufenden

Die **Stadt Revue** ist eine Veranstaltungszeitung, die sich auch mit sozialkritischen Themen beschäftigt und ihre Leser über bedrohte Projekte informiert. Es gibt einen guten Veranstaltungskalender, aber der kritische Journalismus steht im Vordergrund. www.stadtrevue.de

Der **Kölner** ist ein preiswerteres Stadtmagazin, das neben dem Tageskalender auch viele weitere Tipps enthält. Hier liegt der Fokus mehr auf Veranstaltungen und nicht so sehr auf Stadtpolitik wie bei der Stadt Revue. www.koelner.de

online

Der **PRINZ** erstellt immer wieder „Top-Listen" in denen die Top-Eis-cafés oder die Top-Restaurants aufgezählt werden. Außerdem bietet diese Veranstaltungsplattform Shopping-Tipps und CD-Reviews. www.koeln.prinz.de

Der Kalender **morgengrauen** bezeichnet sich selber als Stundenplan für elektronische Musik in Köln, doch er bietet viel mehr. Das Besondere hier ist, dass Du Partys nicht nur nach Wochentagen suchen kannst, sondern auch danach, wer sie veranstaltet. So verpasst Du keine Party von Bassliebe, rheinrhythmik oder Treibstoff Records. www.morgengrau.net

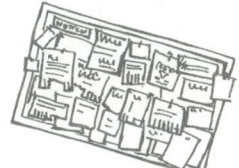

Musik

Musik

Bierbank

Musik

Straßenfest Feiern Fe

Straßenfest Fe

Musik Feie

feste Feste

Feste

feste

Feste

feste Feste

Musik

Bierbank

Bierbank

Musik

Musik Bierbank

Feiern

Musik

Feiern

usik eiern

rn

bank

Feiern

Bierbank

Straßenfest

Musik

Straßenfest

Es ist zwar ein Klischee, aber was soll's: Kölner feiern gerne und zu jedem Anlass. Damit man sich nicht jedes Mal wieder einen neuen Anlass einfallen lassen muss, ist es gut, wenn sich Feste einfach in regelmäßigen Abständen wiederholen. Wo Du einmal im Jahr mitfeiern, -jubeln und -trinken kannst, erfährst Du hier:

Straßenfeste

Im Sommer immer nur schwimmen gehen oder am Rhein grillen ist ja auf Dauer auch langweilig. Zum Glück finden in der beliebtesten Jahreszeit auch gleich eine ganze Reihe an Straßenfesten statt. Hier heißt es dann: kühles Bier trinken, heiße Wurst essen und rasante Live-Musik hören – der perfekte Sommertag!

Immer am letzten Sonntag im August wird es wieder Zeit für das **Lindenthaler Flair**. Die sonst viel befahrene Dürener Straße wird zur Flaniermeile mit vielen Ständen, abwechslungsreichem Bühnenprogramm, Bier, Wurst und kölscher Musik. Außerdem bieten die ansässigen Geschäfte viele spezielle Schnäppchen, die Du nur an diesem Tag ergattern kannst. www.in-koeln-lindenthal.de

--> Lindenthal --> Stadtteilfest

Aufs **Venloer Straßenfest** – ebenfalls im August – gehen Schlagerliebhaber genauso wie Punkrocker, denn neben der Schlagerbühne gibt es auch eine Bühne vor der alternativen Kneipe Qlosterstüffje. Dort treten dann Hardcore-, Punkrock- oder Ska-Größen aus Köln und dem Umland auf. www.in-ehrenfeld.de

--> Straßenfest

Das **Carrée Fest** in Sülz (Sülzburg- und Berrenrather Str.) findet immer am ersten Wochenende im September statt und ist eins der wenigen Kölner Straßenfeste, das über zwei Tage geht. Hier kannst Du Dich mit vielen Fan-Artikeln von FC und Geißbock Hennes eindecken (schließlich liegen Clubhaus und Franz-Kremer-Stadion im Veedel) oder sogar sonntags bis 18.00 Uhr in den Geschäften shoppen. Auf den Bühnen treten kölsche Stars auf und die Stimmung ist entsprechend ausgelassen.

Das **Körnerstraßenfest** gefällt Dir sicher, wenn Du alle Formen der „Do it yourself"-Bewegung magst, denn alle Anwohner können bei dem Straßenfest mitmachen. Wenn Du am entsprechenden Wochenende im Juli durch die Körnerstraße läufst, kannst Du Dich nur schwer entscheiden, was Du essen sollst, denn die Auswahl ist riesig. Egal ob vegane Muffins, Couscous, afrikanisches Essen oder thailändische Hähnchenspieße, hier gibt es jede Menge Köstlichkeiten. Am besten futterst Du Dich einfach durch das reichhaltige Angebot und trinkst hier und da einen frisch gemixten Cocktail oder selbstgemachte Ingwer-Limonade. Außerdem kannst Du günstig Kleidung von kleineren Modelabels kaufen oder neue Bands und DJs kennenlernen. www.koernerstrasse.org --> Straßenfest

Noch mehr Straßenfest-Laune? Dann schau doch mal in den Veranstaltungskalender unter: www.koeln.de --> was ist los?

2013 wurden alle Einnahmen des **Südstadt-Veedelsfests** (Kurfürsten- und Darmstädter Str.) für den Erhalt des nahegelegenen Bürgerhaus Stollwerck gespendet. Außerdem änderte sich das Konzept, denn die Anwohner hatten einfach keine Lust mehr auf Mallorca-Mucke und teure Fressstände. Nun gibt es viele Flohmarktstände von Privatleuten, eine große Tombola und Bühnenunterhaltung. Das Straßenfest findet Anfang Juni statt. www.abcsuedstadt.de

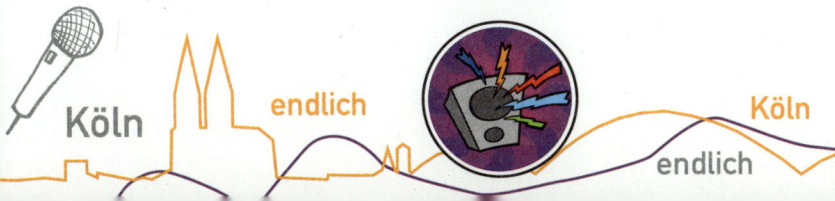

Köln   endlich   Köln

endlich

MusikWein Straßenfest
Sommer
Bierbank

Feste im Großformat

Die **Kölner Lichter** (Rheinufer, Innenstadt) sind neben dem Karneval einer der größten Touristen-Magnete in Köln. Dieses gigantische Feuerwerk findet jedes Jahr im Juli statt, vermutlich damit Du Dir nicht den Hintern abfrierst wie an Sylvester. Bei den Kölner Lichtern werden um die fünf Tonnen Pyrotechnik mit passender musikalischer Untermalung in den Kölner Nachthimmel gejagt. Zuvor fahren mehrere Schiffe, die ebenfalls Raketen abschießen, den Rhein herunter bis schließlich bei Einbruch der Dunkelheit die Zuschauer den Countdown zählen und es losgeht.

Um das Spektakel mitzuerleben, hast Du mehrere Möglichkeiten: Du kannst kostenlos in der Altstadt oder am Deutzer Ufer zuschauen, da solltest Du aber vor 20.00 Uhr sein, denn die Plätze sind begrenzt. Es gibt allerdings auch die Option, einen Tribünenplatz zu mieten oder selbst auf einem der Schiffe mitzufahren, dann siehst Du das Feuerwerk aus der Wasserperspektive, was auch seinen Reiz hat. www.koelner-lichter.de

Die meisten Kölner würden es ja nie zugeben, aber ab und zu kann auch mal ein anderes Bier ziemlich gut schmecken. Auf die alkoholisch aufgeschlosseneren Einheimischen kannst Du z.B. bei der **Kölner Bierbörse** Anfang September im Mediapark treffen. Bei dem kleinen Open-Air-Fest gibt es zu den über 500 verschiedenen Biersorten auch noch die perfekte kulinarische Grundlage und Musik. www.bierboerse.com --> köln

Immer, wenn das Wetter gerade nicht mehr oder noch nicht gut genug ist, um wirklich was draußen zu unternehmen, gibt's das Kölner Frühlings- und Herbstvolksfest, von allen aber nur **Deutzer Kirmes** genannt. Hier kannst Du Dich von der wilden Maus rumwirbeln lassen, lässig am Autoscooter stehen, andere mit Deinen Künsten am Schießstand beeindrucken oder mit Deinem Schatz die Skyline

von Köln aus der Riesenradgondel betrachten. Zwischendurch stärkst Du Dich wie in Kindertagen mit Zuckerwatte, gebrannten Mandeln oder einem Paradiesapfel. www.volksfest-koeln.de

Die **Cologne-Pride** lohnt sich immer – als Statement auf jeden Fall, aber auch als großes, buntes, lautes Fest! Rund um den Christopher-Street-Day gibt es unter einem jährlich wechselnden Motto mehrere Wochen lang Workshops, Parties, Straßenfeste, Kultur und viele spannende Regenbogen-Events. Die CSD-Parade am ersten Juli-Sonntag bildet schließlich den Höhepunkt: Bei der Parade läuft alles – vom satten Drum'n Bass bis zu Marianne Rosenberg – und es wird getanz, gefeiert und reichlich Kondome werden verteilt. Einige behaupten sogar, dass der Christopher-Street-Day wie Karneval ist, nur mit besserer Musik und besserem Wetter. Alle Infos zum Programm findest Du hier: www.csd-cologne.de

Der 1. Mai

Auch in Köln wird die **Nacht auf den 1. Mai** feierlich zelebriert. Allerdings gibt es nicht DIE eine Party, die man auf keinen Fall verpassen darf, sondern in vielen Clubs wird gefeiert, mit Mai-Bowle und schicker Deko! Und obwohl Köln eine Großstadt ist, wird auch hier das Ritual des **Maibaum-Aufstellens** geliebt und gepflegt. Egal, ob 40 Jahre verheiratet oder ganz frisch zusammen, viele Männer stellen ihren Frauen hier einen Maibaum vor die Tür. Wahrscheinlich weil es einfach Spaß macht, mit seinen Kumpels und bewaffnet mit Kreppband und Bäumen durch die Straßen zu ziehen. Im Schaltjahr müssen dann die Frauen ran und ihre Liebsten beschenken.

Kaufen kann den Maibaum ja jeder, aber beim **Klau den Maibaum** muss man körperlichen Einsatz zeigen! Diese Aktion findet auf dem Neptunplatz in Köln-Ehrenfeld statt. Dort stehen in der Mitte des

Platzes um die 30 Bäume und außen herum ist eine Absperrung, an der schon die männlichen Teilnehmer stehen und mit den Hufen scharren. Auf ein Stichwort rennen alle los und versuchen, einen der Bäume zu ergattern. Das ist nix für Weicheier, denn angetrunkene Jugendliche können schon sehr hartnäckig sein.
www.adresse-neptunplatz.de

(k)ein guter Tag, für Geschlechter-Dekonstruktion ...

Köln auf gut bayerisch

Bereits seit mehreren Jahren gibt es das Kölner Oktoberfest. In dem großen Festzelt am Südstadion gibt es wie auf der echten Wiesn Weißwürstel, Bier, Brezen und jede Menge Gaudi. Für manche Kölner ist das ein Anlass sich einmal im Leben in Dirndl oder Lederhose zu werfen und Party zu machen. So ganz ohne kölsche Musik kommt das Fest aber natürlich nicht aus, hauptsächlich treten allerdings Schlagerstars wie Jürgen Drews oder Comedian Atze Schröder auf. www.koelner-oktoberfest.de

Bälle

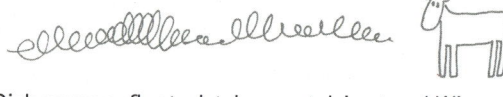

Wenn Du Dich gerne aufbretzelst, herumstolzierst und Wiener Walzer tanzt, hast Du in Köln nicht gerade die riesige Auswahl. Momentan ist das einzige große Event dieser Art der **Köln Ball** (Maritim Hotel, Heumarkt 20). Der Köln Ball ist eine Benefiz-Veranstaltung zu Gunsten von Kindern und Jugendlichen in Not. Zurzeit geht der gesamte Erlös immer an die Arbeitsgruppe „Experimentelle Onkologie", die neue Wirkstoffe gegen Krebs entwickelt. Du kannst also tanzbeinschwingend Gutes tun.

Zusätzlich gibt es ein feines Drei-Gänge-Menü, eine große Tombola mit gestifteten Preisen und Live-Musik von bekannten Künstlern wie Vicky Leandros und Thomas Anders ... www.koelnball.de

Alle anderen Bälle haben natürlich wieder mit Karneval zu tun. Beim **Medizinerball** geht es feuchtfröhlich zu, mit Karnevalsmucke und Verkleidungen. Meistens ist es so vollgestopft, dass Du eigentlich nur schunkeln kannst, richtig Tanzen mit Promenade und Ausfallschritt wird hier nicht möglich sein. Lustig wird es trotzdem, denn die Ärzte und Medizinstudenten wissen, wie man richtig feiert! www.festausschuss-medizinerball.de

Nachdem 2012 der Rosa Funken Ball zum letzten Mal stattfand, hat sich Lola Lametta dem Thema schwul-lesbische-Sitzung/Ball angenommen. Die schrille Dragqueen konnte bereits in ihrem ersten Jahr als Organisatorin mit dem **Rosa Ball** punkten. Bei diesem bunten Kostümball treten Sängerinnen auf, die schon lange im Show-Business sind, wie Mary Roos oder Marie Luise Nikuta. Außerdem kannst Du hier den schwul-lesbischen Chor Köln sehen und Karnevalsvereine wie die Stattgarde Colonia Ahoj, die mittlerweile aus einem Tanzcorps und einem Shanty-Chor besteht. Auch hier kannst Du Dich nur wenig ausschweifend bewegen, dafür aber hüpfen, wippen, schunkeln und in einer Polonaise durch den Saal ziehen. www.facebook.com/RosaBallI

Sportliche Feste

Wenn Du an einem lauen Sommerabend durch den Park spazierst, wirst Du Dich wundern, wie viele Leute joggen oder walken. Dann hast Du wirklich das Gefühl, ganz Köln macht Sport – nur Du nicht. Vielleicht bekommst Du deshalb dann doch Lust, für eines der vielen Sportfeste zu trainieren, denn bei einigen sind die Voraussetzungen an Deine Fitness gar nicht so hoch. Und zuschauen geht ja bekanntlich auch im Sitzen.

Etwa 28.000 begeisterte Läufer machen jedes Jahr beim **Rhein Energie Marathon** (oder auch Köln Marathon) mit und werden dabei von etwa 100.000 Zuschauern angefeuert. Falls Du nicht so gerne läufst, darfst Du auch mit Inlinern teilnehmen. Du kannst zwischen dem Marathon mit 42 Kilometern Strecke und dem Halbmarathon mit 21 Kilometern wählen.

Die besten Läufer starten schon morgens früh um 8.30 Uhr und haben daher das Pech, dass ihnen nicht so viele Leute zujubeln, denn so früh wollen die meisten Leute am Wochenende nun doch nicht aufstehen. Wenn Du Dich also später von Kilometer zu Kilometer schleppst, wirst Du eine ganze Schar von Leuten haben, die Dich anfeuern, und natürlich werden auch einige von ihnen lustige Kostüme tragen, denn Köln ist Köln. Die Teilnahmegebühr startet bei 35 Euro. www.koeln-marathon.de

Der **Color Run** (Rheinauhafen) ist die perfekte Mischung aus Sport und Party, bei der Du solo oder mit Mannschaft antreten kannst. Die Strecke ist nur angenehme 5 Kilometer lang und nach jedem geschafften Kilometer wirst Du von freiwilligen Helfern mit Farbbeuteln beworfen. Am Ziel angekommen, wenn Du bunt wie ein Regenbogen bist, darfst Du dann endlich auch die anderen bewerfen. Zusätzlich gibt es noch eine riesige Finish-Party mit Musik. Die Startgebühr liegt bei günstigen 25 Euro für ein Team und ob jung oder alt, hier darf jeder mitmachen. Kinder unter 8 Jahren laufen sogar gratis. Also, such Dir schon mal weiße Klamotten und Dein Team zusammen. www.thecolorrun.de

Der **Women's Run** ist für weibliche Wesen ab 10 Jahren offen. Im Fokus stehen nicht die 5-8 Kilometer, die hier jede Frau zurücklegen kann, sondern dass Frauen anderen Frauen helfen. Jedes Jahr geht der Erlös nämlich an ein soziales Mädchen-/Frauen-Projekt. Jede der Läuferinnen kann sich aussuchen, ob ihre Zeit gemessen wird oder nicht. Du brauchst Dir also überhaupt keinen Stress machen, denn es zählt nur der olympische Gedanke, dabei zu sein. Wenn die Teilnehmerinnen dann das Ziel durchlaufen oder durch-

walken, das ist nämlich auch erlaubt, erhält jede ein Give-Away-Täschchen mit viel Kosmetik und kleinen Geschenken der Sponsoren. Danach gibt es dann gratis Getränke, Obst und eine Beauty-Lounge, bei der sich alle geschundenen Körper massieren lassen können. Bereits vor dem Lauf gibt es die ersten Siegerehrungen in den Bereichen „älteste Läuferin" oder „größtes angemeldetes Team". Ab 23 Euro Startgebühr kannst Du teilnehmen und erhältst auch das typische rosa Women's Run T-Shirt. (Vorsicht: Geschlechter-Klischees für lau!) http://womensrun.runnersworld.de --> Köln

Das **Skoda Velodrom Rennen** nennt sich auch das „Fahrradrennen für Jedermann". Bei diesem Rennen erstrampeln die TeilnehmerInnen sich eine ordentliche Strecke von 67 Kilometern. Wenn Du zu den richtigen Profis gehörst, kannst Du aber auch 127 Kilometer radeln. Die Strecke führt Dich vom Rheinauhafen bis ins bergische Land, den anspruchsvollen Berg zum Schloss Bensberg hoch und wieder zurück nach Köln. Die Anmeldegebühr von 55 Euro ist recht hoch, dafür erhältst Du aber auch Verpflegung, Trinkflaschen, Teilnehmerbeutel und eine Urkunde. Während der Fahrt hast Du zusätzlich einen schönen Blick aufs bergische Land.
www.arturtabat.online.de

Schnall Dir Deine Inliner an und trainiere schon mal für den **German Inline Cup** in Köln. Er ist der zweitgrößte Skatemarathon in Deutschland und geht quer durch die Stadt. Du beginnst in Köln-Deutz und läufst bis zum Ziel in der Kölner Innenstadt. Dabei geht es über dreispurige Straßen und durch Shopping-Meilen.
www.german-inline-cup.de

Es geht dabei zwar nicht um Sport im klassischen Sinne, aber bei der Veranstaltung **Knitting for Gold – Das olympiareife Strickevent** (Sport und Olympia Museum), kannst Du trotzdem ganz schön ins Schwitzen kommen: Hier wird gestrickt, bis die Nadeln heiß laufen – und das im Akkord. Außerdem gibt's Workshops rund

Köln endlich endlich Köln endlich

ums Stricken und Häkeln, Du kannst alles kaufen, was das Handarbeitsherz höher schlagen lässt und begleitet wird das Ganze auch noch durch wollene Modenschauen. www.wollfestival.de

Bitte nur zuschauen

Man muss ja nicht immer alles selber machen, und gerade bei sportlichen Aktivitäten ist es auch mal schön, einfach zuzuschauen. Natürlich gibt es da den Klassiker Fußball mit dem 1. FC Köln, willst Du aber einfach mal etwas ganz anderes sehen, dann ist das kein Problem:

© www.franknolting.de

Sie haben Namen wie Aurelio Real, Night Orator oder Lunar Prospect und sind die Stars auf der **Pferderennbahn Köln-Weidenpesch** (Rennbahn Str. 152). Zwischen April und Oktober finden hier jedes Jahr eine Menge hochdotierter Rennen statt, bei denen der Sieger zigtausende Euros gewinnen kann. Und auch für Dich als Besucher kann das Nervenkitzel bedeuten. Denn wie im Film gibt es hier auch Spieler, die hunderte Euros auf ein Pferd setzen und nach dem Rennen dramatisch ihren Wettschein zerreißen oder Luftsprünge machen und jubeln. Ab einem Einsatz von 2,50 Euro kannst

auch Du ins große Wettgeschäft einsteigen. Aber natürlich musst Du auch nicht wetten, sondern kannst für Dein Geld auch Getränke und Leckereien kaufen – das ist wenigstens eine sichere Investition und es droht keine Spielsucht.

Der Eintrittspreis für die Pferderennbahn beginnt bei 8 Euro für einen Platz auf der Tribüne. Du erhältst keinen festen Sitzplatz sondern kannst Dich einfach hinsetzen, wo Du möchtest. Da viele Leute immer zwischen Wettannahmestelle und Führring hin- und herlaufen, ist hier immer was frei. Die High Society sitzt übrigens leider in einem separaten Restaurant, von dem man einen besonders guten Blick auf die Bahn hat. www.koeln-galopp.de

Beim **rheinspringen** (Rheinauhafen) im Juni springt leider niemand in den Rhein, aber die Sportler kommen ihm immerhin ziemlich nahe. Bei der beliebten Veranstaltung im Rheinauhafen sind echte Stabhochsprungprofis zu Gange, die versuchen, ihre eigenen Rekorde zu brechen. Beim SchulCup

erhalten aber auch die zehn besten Nachwuchsspringer von Kölner Schulen ihre Chance, dem Publikum zu zeigen, was sie drauf haben. Natürlich gibt es während der Veranstaltung auch Musik, lecker Essen und lecker Kölsch.

www.rheinspringen.com

Du vermisst in diesem Kapitel den kölner Karneval? Na, der ist natürlich Hochkultur und deshalb zu finden unter: „Kultur und so", S. 219

Köln endlich endlich Köln endlich

Kölscher Klü...

Düsseldorf

Alaaf

Jeföhl

Kölscher Klu...

endlich!

Kölscher Klüngel

Düsseldorf

Düsseldorf

Jeföhl

Kölsch!

Düs...

Mythen
Mythen
Mythen

Köln ist weltweit bekannt und beliebt. Ganz im Gegensatz zur deut-schen Durchschnittsstadt hat Köln daher auch keine Nachwuchs-probleme. Gerade viele junge Menschen zieht es in die Rheinmetro-pole – wahrscheinlich zählst Du ebenfalls dazu. Du hast Dich viel-leicht gefragt: Wo soll ich studieren? Und raus kam: Kölle! Gut möglich, dass Du die Entscheidung mit einem kleinen Freudenhüp-fer besiegelt hast. Wieso? Frag die Touristen in der Fußgängerzone, frag die Omas oder Pfarrer – jeder weiß es: Es ist das „kölsche Jeföhl".

Wichtigster Grund dafür sind sicher nicht die horrenden Mieten oder der Dom (obwohl der natürlich einen großen Teil des Charmes ausmacht!), sondern die Kölner: offene, lustige Kreaturen. Zuweilen sind sie vielleicht ein wenig eigen, aber ihre Entspanntheit, gepaart mit ihrer Feierwut und Herzlichkeit, sorgt dafür, dass wirklich jedem beim Gedanken an „Köllefornia" ein Lächeln über das Gesicht huscht. In die-sem Kapitel wollen wir dem Mythos der kölschen Frohnatur mal auf den Grund gehen ...

Wer ein echter Kölner werden will, braucht das nötige Vokabular. Mehr dazu gibt's unter „Sprachregeln", S. 254

Die offenen Kölner

Wichtigster Beleg für die Fröhlichkeit, die den Rheinländern inne-wohnt, ist natürlich der kölsche Karneval. Die Karnevalszeit heißt auf Kölsch „Fastelovend" und ist das beste Beispiel dafür, wie die ganze Stadt freundschaftlich zusammenrückt und schunkelt. Was soll man hier groß um den heißen Brei herum reden? Alles, was man über diesen Brauch so hört, stimmt auch! Komm an Karneval nach Köln, bestell Dir an jeder x-beliebigen Theke ein Kölsch und sei gewiss: Selbst wenn Du vorher keine Seele kanntest, am Ende des Abends hast Du mindestens 10 neue Freunde.

In Kölle muss man nicht lang um Freundschaft betteln, hier reicht es völlig, das Glas zu einem freundlichen Gruß zu heben. Und spätestens, wenn man dann den Thekennachbarn fragt „Du, was singen die Höhner eigentlich da? Ich komm nicht aus Köln und versteh den Text gar nicht", wird es sich kein Einheimischer nehmen lassen, einem das Kölsch lang und ausgiebig zu übersetzen. Die Kölner lieben ihre Stadt und jeden, der sich dafür interessiert. Das Prinzip funktioniert aber nicht nur an Karneval, sondern wirklich immer.

Wenn Du Dich durch die Größe der Stadt unsicher fühlst, dann such Dir am besten Menschen, die im Grüppchen stehen und so aussehen, als hätten sie es nicht eilig. Frag die einfach, was Du wissen möchtest und Du wirst sehen: Die Kölner legen sich quer, um bestmöglich zu helfen. Und wenn es dann noch Abend ist und ihr euch sympathisch seid, dann schlag ein Kölsch vor und die Sache ist in trockenen Tüchern.

Aber: In Kölle darf man nicht zu zimperlich sein. Denn die Rheinländer tragen ihr Herz auf der Zunge – sie lieben Offenheit und geben einem binnen Minuten das Gefühl heimisch zu sein. Das muss man dann eben auch vertragen können. Höfliche Zurückhaltung ist hier fehl am Platz, in Köln werden die Dinge beim Namen genannt. Doch keine Sorge, meistens wird im nächsten Moment schon wieder herzhaft darüber gelacht.

Köln   endlich   endlich   Köln
endlich

Kölscher Klüngel

In den meisten Ecken der Welt versteckt sich hinter Klüngel etwas Negatives; oft denken die Leute dabei an Vetternwirtschaft oder sogar Korruption. In Köln meint das aber soviel wie: „Isch kenn da wen..." oder „Lass misch ens kurz telefonieren ..." Nehmen wir an, Du ziehst nach Köln und brauchst einen Klempner. Deine Nachbarin hört zufällig im Flur, wie Du mit Deiner Mutter darüber berätst, und schon eine Minute später hältst Du das Kärtchen des Nachbarssohns in den Händen: „Ruf den an!" – das ist kölscher Klüngel. Er wird Dir ständig begegnen. Und es wird erwartet, dass Du mitmachst.

Über den Klüngel werden Menschen integriert. Wenn Du also backen kannst, dann bring der Nachbarin am nächsten Tag ein paar Törtchen und Du wirst nie wieder Probleme bekommen. Zu laute Party? Aus der Wohnung ausgesperrt? Alles wird Dir verziehen, wenn Du Teil des Netzwerks bist. Und diese nachbarschaftliche Hilfsbereitschaft ist wirklich Gold wert. In Kölle „stonn mer zusamme"!

Aktuelles Klüngel-Epizentrum ist übrigens das Nett-Werk bei Facebook. Mit über 45000 Mitgliedern ist es der virtuelle Marktplatz der Stadt: Du suchst ein günstiges Fahrrad oder willst überflüssige Umzugskartons loswerden? Schreibe eine nette Anzeige und binnen Sekunden bist Du am Ziel. Möbel tauschen, Hilfe im Haushalt, Insidertipps jeglicher Art, den Namen der hübschen Kellnerin aus dem Underground – all das findest Du dort. Wenn Du noch kein Mitglied bist, dann melde Dich heute noch an und werde Teil vom Klüngel.

Die schäl Sick

Man mag es kaum glauben, aber es gibt Themen, bei denen selbst den Kölnern der Humor (wenigstens teilweise) vergeht. Warum genau die rechtsrheinische Seite (also Veedel, wie z.B. Deutz, Kalk, Mülheim, etc.) dazu gehört, damit könnte man vermutlich einen ganzen Diskussionsabend füllen. Fakt ist aber: Die Römer waren nie da! Und das heißt in Köln noch was. Vor allem muss man auch bedenken, dass es erst sehr spät vertrauenswürdige Brücken über den Rhein gab, so dass die „schäl Sick" zivilisatorisch schlecht erschlossen war. Es war die „Bauernseite" der Stadt. Ohne Stadtmauern war es dort viel gefährlicher als linksrheinisch. Und vor allem fehlten die städtischen Privilegien.

Als feiner Stadtbürger wollte man mit den Bauern auf der anderen Rheinseite eben nicht verkehren. Wenn man sich dazu noch klar macht, dass das alljährliche Hochwasser des Rheins auf der unbefestigten rechten Rheinseite verheerende Schäden anrichtete, kann man sich vorstellen, dass der gutgläubige, rheinische Katholik das auch gerne mal als Gottes Strafe verstanden hat. Kurzum: Auf die „schäl Sick" ging man nicht!

Mittlerweile sieht das aber insgesamt etwas anders aus. Das Wohnen auf der „falschen" Rheinseite wird mehr und mehr mit wachsender Gelassenheit betrachtet. Hauptsächlich, weil die Mietpreise einfach exorbitant ansteigen, werden die Kölner toleranter, was die „schäl Sick" angeht. Und das zeigt schon Wirkung: Als Student lebt es sich in den Vierteln jenseits des Rheins inzwischen vorzüglich

und ohne kölsche Verachtung. Die Verkehrsanbindungen, vor allem zur Innenstadt und zur Uni, sind sehr gut, und was sich viele wünschen: Im Gegensatz zur zerbombten linken Rheinseite gibt es auf der „schäl Sick" noch Altbauwohnungen zu vernünftigen Mietpreisen.

Düsseldorf

Kommen wir zum wunden Punkt: Düsseldorf. Nichts hassen Kölner mehr als Düsseldorf – weder die verspätete KVB, noch dass das Müngersdorfer Stadion und die Kölnarena ihre Namen zu Werbezwecken verloren haben – Düsseldorf ist und bleibt das rote Tuch.

So grenzt es für eingesessene Kölner schon fast an Blasphemie, wenn sie diesen Hass begründen sollen. Als Kölner braucht man dafür keine extra Gründe, Düsseldorf ist Grund genug. Trau Dich aber ruhig mal und frag einen echten Kölner danach, aber nur, wenn Du wirklich Zeit hast – und Geld, um das ein oder andere Entschädigungskölsch auszugeben. Und da fängt's auch schon an:

„ALTBIER??? Wer trinkt denn schon ALT??? Was soll das überhaupt, ALT?" Und dann stiehlt das einfallslose Pack auch noch die Farben: „Rut und Wieß, das sind die kölschen Farben!" Und sie halten sich für ach so toll

mit ihren Schicki-Micki Läden da auf der Kö. „Lächerlich! Wer ein Herz hat, der braucht kein dickes Auto! In der KVB wird immer noch am meisten gelacht!" Und dann rümpfen sie auch noch ihre Nasen über Köln – wenn sie ihre operierten Nasen überhaupt noch bewegen können!

Ja, hier in Köln ist man noch Mensch! Hier ist man kreativ, man lässt sich das Kölsch mit Freunden, auf der Straße, direkt aus der Flasche schmecken! Hier zählt nicht, was Du hast, hier zählt es, wer Du bist! ‚Drink doch eene mit', nicht ‚Kauf doch noch mal ein'! Die Kölner hassen Düsseldorf und dieser Hass hat Tradition und ist passioniert. Zurück geht das wohl auf die seit dem Mittelalter schwelende Konkurrenz der beiden Städte.

Aber abschließend muss man sagen: Köln ist größer. Köln hat den schöneren Rosenmontagszug („Was soll denn Helau? Es heißt: Alaaf!"). Köln hat Geschichte und Köln hat Herz. Köln ist eben Köln. Und dann denken die Düsseldorfer: Mit einer schönen Rheinpromenade und dem Landtag, damit reißen sie alles wieder raus – und bauen sich auf der „schäl Sick" das schönste Eigentor aller Zeiten. Und überhaupt ...

Merken musst Du Dir eigentlich nur eines: Über Köln lacht die Sonne und über Düsseldorf die Welt.

Köln   endlich   endlich   Köln

endlich

Alarm für Cobra 11

Das weisse Rauschen

Domfeuer

Chicago am Rhein

Unter Uns

Domfeuer

Dämonenhochzeit

Vingst Blüten im

Tod und Teufel

Tod und Teufel

Das Superweib

Ben Folds

Das weisse Rauschen

Das A-Team

Unter Uns

fiktiv

Köln

fiktiv

fiktiv

fiktiv

bst

Köln 50667

Das Erbe der Braumeisterin

Das A-Team

Bläck Fööss

Viva Colonia

Danni Lowinski

Spie

Mütter-Mafia

Kaum etwas ist so faszinierend wie die Wirklichkeit – abgesehen von der Fantasie. Und auch Deine neue Lieblingsstadt am Rhein wurde bereits von etlichen Autoren, Musikern und Filmemachern als der zentrale Schauplatz ihrer Fiktion auserkoren.

Köln im Buch

Zu den für dieses Kapitel relevanten, deutschlandweit bekanntesten Geschichten gehört mit Sicherheit **Hera Lind: Das Superweib** (Fischer Taschenbuch Verlag, ebook), das in der Sönke Wortmann Verfilmung mit Veronica Ferres als Hauptdarstellerin zwar überwiegend in München, in der Romanvorlage jedoch in Köln spielt. Die turbulente Geschichte handelt von der Schauspielerin Franziska, die zugunsten ihres Mannes Will auf eine eigene Karriere verzichtet und sich um Kind und Kegel kümmert. Will lässt sie mit dieser Aufgabe die meiste Zeit alleine und widmet sich lieber den vielen Hauptdarstellerinnen seiner Filme. Franziska leitet die Scheidung ein und schreibt sich den Ehefrust von der Seele. Unerwartet wird ihr Buch ein Bestseller und soll sogar verfilmt werden. Blöd nur, dass es ausgerechnet Franziskas Ex-Mann ist, der das Buch auf die Leinwand bringen will.

Ebenfalls eher an die weibliche Leser-schaft richtet **Kerstin Gier** ihren Roman **Die Mütter-Mafia** (Bastei Lübbe). Die Bergisch-Gladbacherin erschuf hiermit einen herrlich amüsanten Einblick in das Leben von Kölner Vorstadt-Müt-tern. Constanze ist Mitte Dreißig, frisch geschieden, etwas chaotisch und zieht mir ihren Kindern in ein neues Stadtviertel um. Hier muss sie sich nun gegen all die Vorzeige-Mütter, Vorzei-

ge-Ehen und Vorzeige-Kinder der sie umgebenden Bilderbuch-Familien behaupten. Konfrontiert mit einem wahr gewordenen Albtraum oberflächlicher Mutter-Tiere, der sich in der „Mütter-Society" vereinigt hat und sich tagtäglich über Klavierlehrer, Kindermädchen und die Rechte und Pflichten der modernen Frau austauscht, gründet Constanze die „Mütter-Mafia". Eine Gegenvereinigung, die das Stadtviertel ordentlich aufmischt und mit viel Witz und Charme ganz schön viel Unruhe in das ach so perfekte Leben aller vermeintlichen Super-Mamis bringt.

Weniger amüsant, dafür aber umso spannender und fesselnder zeigt sich **Frank Schätzings Tod und Teufel** (Goldmann). Der Herumtreiber Jacob wird zufälligerweise Zeuge, wie der Dombaumeister Gerhard von einer mysteriösen Gestalt umgebracht wird. Leider weiß auch der Mörder, dass Jacob ihn gesehen hat und setzt alles daran, ihn unschädlich zu machen. Auf der Flucht wird Jacob immer weiter in ein Geflecht aus Intrigen und Verschwörungen hineingezogen, bei dem es um weitaus mehr als den Mord am Dombaumeister geht. Hier bekommst Du viele bemerkenswerte und historisch verbürgte Fakten über die Stadt Köln.

Zufälligerweise spielt auch der Roman **Das Erbe der Braumeisterin** von **Charlotte Thomas** (Bastei Lübbe) zur gleichen Zeit in Köln. Durch einen heimtückischen Mord verliert die noch junge Bierbrauerin Madlen ihren Mann und muss sich innerhalb eines Jahres neu verheiraten, um die geerbte Brauerei weiterzuführen. Zwar gelingt es ihr, kurz vor Fristablauf einen Mann zu finden, doch dieser scheint eine dunkle Vergangenheit zu haben, die Madlens Leben ziemlich verändern wird. Hier werden tiefe Einblicke in das gesellschaftliche und von den Mächten der damaligen Kirche geprägte Leben am Rhein geliefert.

Weitere besondere Historienromane, die in Köln spielen sind **Reliquiem** und **Domfeuer** von **Dennis Vlaminck** (Emons), beides her-

Köln   endlich   endlich   Köln

endlich

ausragend recherchierte Erzählungen, die Ende des 12. Jh., bzw. Mitte des 13. Jhd. spielen. Reliquiem ist ein mörderisches Szenario aus Machtkämpfen und den im 12. Jh. stark florierenden Reliquienhandel in Köln. Im Mittelpunkt der Geschichte steht der französische Mönch Imbert von Grandmont, der als Pilger zum Osterfest in die Domstadt gereist ist und unversehens als Mörder und Reliquienräuber gilt. Grandmont muss seine Unschuld beweisen, will aber gleichzeitig herausfinden, warum eine ganz besondere Reliquie um jeden Preis geheim gehalten werden soll.

Kaum weniger spannend ist das Buch Domfeuer. Hier ist es allerdings der Hafenknecht Paulus, der als Mörder verdächtigt und gejagt wird. Paulus muss aber nicht nur seinen eigenen Hals retten, auch das gesamte Schicksal der Stadt inklusive des Doms stehen auf dem Spiel.

Eine empfehlenswerte Krimireihe sind die **KRIMINALlistenROMANE** von **Bernhard Hatterscheidt & Ludwig Kroner** (Verlag Edition Lempertz). Die beiden echten Kölner Kriminalhauptkommissare haben es sich zum Nebenberuf gemacht, möglichst authentisch die Arbeit der Kölner Polizei in fiktiven und spannenden Geschichten niederzuschreiben. Herausgekommen sind dabei bisher die auf Tatsachen beruhenden Bücher **Mörderischer Fastelovend**, **Eiskalt in Nippes** und **Feuer in Rondorf**. Der neueste Fall **Vingst-Blüten im Herbst** stellt Hauptkommissar Westhoven und sein Team nach dem Fund einer im Naturfreibad Vingst versenkten Leiche vor ein Rätsel. Die Leiche wurde mit Anzug, Hemd und Krawatte und einbetonierten Füßen gefunden. Als plötzlich ein zweiter Mord geschieht, scheint es eine erste Spur zu geben.

In **Bruno Laberthiers Abi-Gag** (Gardez! Verlag) erschüttert ein Amoklauf das Kölner Euler-Mertenstein-Gymnasium. Was eigentlich als mehr oder weniger harmloser Abi-Streich geplant war, endet mit vielen Verletzten und Traumatisierten. Abi-Gag stößt die

Tore zu einer Welt auf, die gar nicht immer so tief verborgen in den Abgründen gesellschaftlicher Normalität liegt und den Leser ganz schön ins Grübeln bringen kann. Laberthier schuf mit seinem Buch einen Profiler-Krimi der besonderen Art; gespickt mit exakten Ortsbeschreibungen von Köln und viel Liebe zum kölschen Wort- und Sprachwitz.

Manchmal hilft nur göttliche Hilfe. Ob man nun will oder nicht. Im **Spielball der Götter** von **Margit Hähner** (Gmeiner) muss Lena jedenfalls genau diese Erfahrung machen. Lena ist Single, Ende 30, Leserbriefredakteurin bei einer großen Kölner Zeitung und von diesem Job eher nur mäßig angetan. Der Umstand, dass sich auf einmal eine gelangweilte griechische Göttin in den Kopf gesetzt hat, Lenas Liebesleben bereichern zu wollen, macht Lenas Leben nicht einfacher. Aber wie will man sich den Mächten der Göttin entziehen ... und der all der anderen Götter, die ebenfalls Gefallen am Projekt Lena gefunden haben? Spielball der Götter nimmt Dich mit auf eine amüsante Reise durch Lenas Leben und ein detailliert beschriebenes Köln, das hier mit einem Hauch von griechischer Mythologie gepaart wird.

Besondere Bücher

Stephan Meyer: Kleiner kölscher Kosmos. Kurioses über Köln (Lund Verlagsgesellschaft): In diesem kleinen Almanach findest Du Anekdoten und Skurrilitäten über die Stadt Köln, mit denen Du auf jeder Party hervorragend klugscheißen kannst. Denn wer kann sich schon brüsten, die Kosten für die Patenschaft einer Blattschneideameise im Kölner Zoo zu kennen?

Peter F. Müller, Michael Mueller: Chicago am Rhein. Geschichten aus dem Kölschen Milieu (Kiepenheuer & Witsch): In den 60er

Köln   endlich   endlich   Köln
endlich

und 70er Jahren geriet Köln aufgrund seiner „einzigartigen Szene"
und dem „unverwechselbaren Milieu" immer wieder in die Schlagzeilen. Die Boulevardpresse verlieh der Stadt sogar den Titel „Chicago am Rhein", denn es ging um Glücksspiel, Gewalt, Prostitution,
Betrug und Hehlerei. Die Autoren Peter F. Müller und Michael Mueller haben diese „Geschichten aus dem kölschen Milieu" gesammelt
und aufgeschrieben. Private Fotos der Gangster von damals runden
das Bild ab und geben einen einzigartigen Einblick in das Milieu von
Köln der alten Tage.

Eine Ode an Köln

Um genau zu sein, gibt es nicht nur eine Ode, sondern eine Vielzahl
an Liedern, die dieser Stadt gewidmet wurden. Kein Wunder, denn
als Karnevalshochburg stellt Köln praktisch das Zentrum für karne-
valistisches Liedgut in Reinform dar. Bands wie die **Höhner**, **Brings**,
die **Bläck Fööss** oder **Wise Guys** haben bereits etliche dieser
Schunkelnummern fabriziert und geben sie alljährlich in der fünf-
ten Jahreszeit auf mindestens drei Veranstaltungen live zum
Besten. Dass sie während der jecken Tage in jeder Kneipe auf Dau-
erschleife stehen, versteht sich ganz von selbst. „Viva Colonia"
(Höhner), „Mer lasse d'r Dom en Kölle", „Am Bickendorfer Büdche"
(Bläck Fööss) oder "Meine Liebe, meine Stadt, mein Verein" (Dom-

stürmer) sind weit über die Stadtgrenzen hinaus bekannt und wer-
den bei entsprechendem Pegelstand selbst in Mainz und Düsseldorf
mitgegröhlt.

Köln auf der Mattscheibe

Köln ist zwar nicht Deutschlands Filmstadt Nummer eins, aber darf
sich dennoch rühmen, schon oft als Schauplatz für einige TV-Seri-
en, TV-Filme oder gar Kinofilme hergehalten zu haben.

Krimis

Allen voran sind da natürlich Max Ballauf und Freddy Schenk, die bereits seit 1997 und mittlerweile schon über 50 Kölner **Tatort-Folgen** (Touchstone) lang hier ihr Revier haben. Besonderes Kennzeichen ist die „Wurstbraterei", die es auch in Wirklichkeit gibt. Einzige Besonderheit ist, dass sie für ihren Film-Einsatz immer auf die „Schäl Sick" gekachert wird, da der Blick auf Altstadt und Dom von der rechten Rheinseite einfach besser ist.

Ermittelt wird in Köln aber nicht nur in der ARD und dem WDR, sondern auch beim ZDF. **SOKO Köln** (Edel Germany GmbH) gibt es nun bereits seit 2003 und ein Ende ist nicht in Sicht. Also ist das fünfköpfige Team bei skrupellosen Morden weiterhin zur Stelle.

Alarm für Cobra 11 (Universum Film GmbH) wird bereits seit 1996 produziert und hat in über 250 Folgen weitaus mehr Autos auf den Autobahnen rund um Köln geschrottet, als der Kölner Tatort und SOKO Köln es zusammen jemals werden.

Von Alarm für Cobra 11 gibt es übrigens ein ziemlich gutes PC-Game mit dem Titel "Alarm für Cobra 11: Das Syndikat". Bei diesem Spiel kannst Du auf rasante Missionen gehen und bewegst Dich durch ein originalgetreuen Straßennetz der Kölner City. Mehr interaktive Fiktion in Köln geht nicht!

Außerdem

Ebenfalls bei RTL findest Du **Unter Uns** (Turbine Medien), eine der Daily-Soaps, die es gefühlt seit Anbeginn der Zeitrechnung gibt und wahrscheinlich auch dann noch geben wird, wenn die restliche Menschheit den Planeten bereits verlassen hat. Die Schillerallee 10 gibt es übrigens nicht, höchstens als Pappmascheeaufsteller in den MMC-Studios in Köln Ossendorf!

Was es in München übrigens nicht gibt, ist die **Lindenstraße** (Universal/Music/DVD) aus der ARD-Serie. Die steht in Wirklichkeit auf

Köln endlich endlich Köln

endlich

dem Gelände des WDR in Köln Bocklemünd und sieht in Wirklichkeit noch kleiner und piefiger aus. Ist aber lustig, mal durchzuge-
hen, was auf Anfrage möglich ist!

Weitaus realer zeigt sich dann doch der Kölner
Neumarkt mit seiner kleinen unterirdischen Ein-
kaufspassage. Hier betrieb **Danni Lowinski** (Uni-
versal Pictures Germany GmbH), gespielt von
Annette Frier, ihre erste kleine Rechtsanwaltskanz-
lei und verhalf den „kleinen" Leuten zu ihrem
Recht. In den späteren Folgen verlegte sie ihre
Kanzlei aus der Neumarkt-Passage dann aber doch
in ein richtiges Büro.

Eine der neueren Serien ist derzeit die RTL II Pseudo-Doku-Soap
Köln 50667 (Edel Germany GmbH), die dem Sender seit Anfang
2013 herrliche Quoten beschert und somit mit Sicherheit noch einige Zeit fortgesetzt wird. Als Ableger von „Berlin Tag & Nacht" wird
die Geschichte um Alex erzählt, dessen Alltag mit allerlei glaubwür-
digen und unglaubwürdigen Höhen und Tiefen im Herzen Kölns
spielt. Die Zahl 50667 ist übrigens die tatsächliche Postleitzahl der
Kölner Altstadt-Nord und bezieht sich auf die Gegend rund um den
Kölner Dom.

Dieser wurde übrigens einmal komplett gesprengt. Allerdings nur
als Modell für eine Szene in dem RTL-Film **John Sinclair: Die
Dämonenhochzeit** (KSM GmbH), der für Fans der Bücher auf jeden
Fall Pflichtprogramm sein sollte – danach weiß man einfach zu
schätzen, wie gut die Bücher und auch die Gruselhörspiele sind!

Unvergessen

Auch **Die Anrheiner** (Universal/Music/DVD), **Die Camper** (Turbine
Medien) oder **Die Fussbroichs** (Sony Music Entertainment DVD)

waren TV-Serien, die allesamt in Köln spielten und gedreht wurden, mittlerweile aber nicht mehr produziert werden.

Ebenfalls unvergessen ist das Kölner Urgestein Willy Millowitsch in seiner Rolle als **Kommissar Klefisch** (Sony Music Entertainment) der in sechs WDR-Folgen in Köln ermittelte. Für seinen Schauspiel-kollegen Dietmar Bär war die Serie übrigens die Eintrittskarte für dessen Parade-Rolle des Freddy Schenk im Kölner Tatort.

Ganz großes Kino

Aber Köln hat es nicht nur ins Fernsehen, sondern auch schon auf die Kinoleinwand geschafft. So spielt beispielsweise der Film **Edel-weißpiraten** (Warner Home Video - DVD) mit Bela B. (Die Ärzte) in Köln und erzählt die Geschichte einer Widerstandsgruppe aus Köln-Ehrenfeld, die im Jahr 1944 gegen die Nazis rebellierte. Auch wenn die Handlung in Köln spielt, wurde der Film in St. Petersburg und Budapest gedreht.

Hans Weingartners **Das weisse Rauschen** (Hoanzl) spielt auch zu großen Teilen in Köln und wurde auch hier gedreht. Erzählt wird die Geschichte des Abiturienten Lukas, der in Köln studieren will, sich mit der Uni aber nicht anfreunden kann. Partys, Drogen und eine Liebes-Krise führen Lukas zeitweilig in die Psychiatrie, wo ihm die Diagnose Paranoide Schizophrenie gestellt wird. Was eine Zeit lang mit Hilfe des Medikaments „Haldol" in den Griff zu bekommen ist, mündet in einen Selbstmordversuch im Rhein. Doch Lukas wird gerettet und eine weitere Reise beginnt. Ein sehenswerter und ein-dringlicher Film mit ebenso eindringlichen Bildern des Rheinufers in Köln-Rhiel.

Wissenswerte Anekdote um den Action-Streifen Das A-Team: Inhaltlich verschlägt es das Team um John "Hannibal" Smith nach Frankfurt am Main. Als die Rede dann von der "Frankfurt Central Station" ist, bekommt der Zuschauer auf einer Luftaufnahme aber den Kölner Dom nebst Haupt-bahnhof zu sehen, ca. bei Filmminute 64.

Köln   endlich   endlich   Köln   endlich

Halve Hahn

Flönz

Fastelovend

Flönz

Kroppschlot

Et kütt wie et kütt

Halve Hahn

Et kütt w

Alaaf

Sprachregeln

und nützliche

Vokabeln

Halve Hahn

Alaaf
Alaaf
Halve Hahn
Flönz
Et kütt wie et kütt
Bützje
Kroppschlot
Alaaf
Kroppschlot
Bützje
Kroppschlot
Bützje
§
Alaaf
Bützje

Flönz

Alaaf

Fastelovend

Bützje

Viele Dialekte der deutschen Sprache sind vom Aussterben bedroht und müssen mit Mühe und Not am Leben erhalten werden. „Kölsch" hingegen lebt wie eh und je und ist trotz Millionenstadt und etlichen Zugezogenen aller Orten anzutreffen. Vielleicht nicht immer in seinem Ur-Dialekt, der meist nur von den „Dorfältesten" einwandfrei gesprochen wird, aber doch in der Form, dass regional Fremden die Ohren ganz schön schlackern können.

Dass „Kölsch" allgegenwärtig ist, liegt vor allem daran, dass es nach wie vor in den verschiedensten kulturellen und gesellschaftlichen Aspekten des Alltags vorkommt. Von Werbeslogans über Speisekarten bis hin zum Kölner Karneval wirst Du überall mit „kölschen" Ausdrücken und Redewendungen konfrontiert werden. Außerdem gibt es ein stetig wachsendes Angebot an Songs, Filmparodien, Comics und Büchern, die allesamt auf oder in „Kölsch" vertont oder geschrieben sind. Um Dir Deinen Einstieg in Köln mit seiner ganz eigenen Mundart zu erleichtern, kommt hier ein Mini-Crash-Kurs für die wichtigsten Regeln, Wendungen und Vokabeln.

Allgemeine Regeln

Vorweg gestellt sei der Hinweis, dass eine Aufführung zur ausführlichen Phonetik und Phonologie der „kölsche Sproch" zu umfassend wäre und den Umfang dieses Kapitels bei weitem sprengen würde. Außerdem handelt es sich bei Kölsch nicht nur um eine Mundart im wörtlichen Sinne, sondern um einen Dialekt, der sich auch in der Schriftsprache wiederfindet. Aber jetzt erst einmal zu Aussprache-Regeln und Grammatik.

§ 1 Der Kölner Singsang

Typisch für den Kölner ist der „rheinische Singsang". Diese besondere Art der Sprachmelodie ist geprägt von der Intonation des so genannten Schleiftons. Jeder Satz wird zu einer regelrechten Berg- und Talfahrt, wobei die Betonungen keinen wirklich nachvollziehbaren Regeln unterliegen. Wenn Du es hörst, wirst Du allerdings sofort wissen, warum immer vom „Singsang" gesprochen wird.

§ 2 „ch" wird zu „sch"

„ch"-Endungen werden fast immer zu „sch"-Endungen, wobei Sprachwissenschaftler des „Kölschen" auch hier auf eine weitaus differenzierte Betrachtung bestehen würden – aber egal! „Ich" klingt für ungeübte Ohren wie „isch" und „wichtig" wird zu „wischtisch".

§ 3 „g" wird zu „j"

Betrachten wir es weiterhin etwas oberflächlicher, kannst Du davon ausgehen, dass ein „g" am Wortanfang fast immer durch ein „j" ersetzt wird: „gemacht" wird zu „jemacht", bzw. richtig kölsch sogar zu „jemaht". Und aufgrund dieser Regel funktioniert im kölschen auch die Frage nach der rheinischen Gottheit mit nur einem Buchstaben! – Na, kommst Du drauf? „J" – ist doch klar.

§ 4 „–eit" und „–eid" wird zu „–igg" und „–ick"

Ein „–eit" oder „–eid" am Wortende wird häufig zu „–igg" oder „–ick". Wenn Du beispielsweise an Karneval den Song der Band Brings – „Superjeile Zick" – hörst, weißt Du, dass damit keine herausragend schöne, aber nervtötende Maid, sondern einfach eine „supergeile Zeit" gemeint ist.

§ 5 Wer braucht schon Endungen?

Endungen wie „–e", „–n", „–t" werden in aller Regel einfach weggelassen. So werden „Tage" schon mal zu einem „Daach" und „Mädchen" zu „Mädche", gesprochen eher „Määdsche".

§

Köln endlich endlich Köln

endlich

Flönz
Alaaf
Fastelovend
Bützje

§ 6 Kölner Genitiv I

Dem Kölsche sing Grammatik lässt wahrscheinlich jedem gebilde-
ten Hochschulprofessor (der nicht aus Köln und Umgebung kommt)
die Haare zu Berge stehen. Genitiv-Ausdrücke wie „meines Freun-
des Bruder" werden zu „mingem Fründ singe Broder" oder „der Broder minges Fründes". Und wenn die Band Höhner die Textzeile „dem
Rievkoochebuddebesitzer sing Frau ihre Blues" erklingen lassen,
singen keine Reibekuchenbudenbesitzer irgendwelchen Frauen den
Blues, sondern gemeint ist ganz einfach „die Bluse der Frau des Rei-
bekuchenbudenbesitzers". So funktioniert's aber nur bei Substanti-
ven, die eine Person bezeichnen.

§ 7 Kölner Genitiv II

Bei Genitiv-Konstruktionen, bei denen es nur um leblose Dinge
geht, heißt es also anders. „Der Umschlag des Buches ist mehrfar-
big" würde also z.B. nicht heißen: „Däm Boch singe Ömschlag es
mihfärvich". Man müsste hingegen sagen: „Dä Ömschlag vun däm
Boch es mihfärvich".

§ 8 am machen sein

In Köln „macht" man auch nicht einfach, sondern man ist immer
„am machen". Du liest also gerade nicht, sondern Du bist „am lesen".

§ 9 Konjugieren auf kölsch

Konjugieren ist im Kölschen ziemlich einfach, sofern Du die entsprechenden Verben auf kölsch kennst. In der Regel fällt die erste
und dritte Person Plural mit der ersten Person Singular zusammen:
Ich habe, wir haben, sie haben = ich han, mer han, se han; oder: Ich
schlafe, wir schlafen, sie schlafen = ich schlofe, mer schlofe, se
schlofe

Redewendungen und nützliche Vokabeln

Wenn Du noch mehr über die „Kölsche Sproch" wissen willst, weitere Redewendungen kennenlernen möchtest oder sogar interessiert bist, richtig Kölsch zu lernen, schau einfach mal auf folgende Websites: www.koeln-altstadt.de   www.koelsch-akademie.de

Vokabeln für den Alltag →

Köln   endlich   endlich   Köln
endlich

Vokabeln für den Alltag

Tschö	Tschüss
fiere	feiern
Nümaatskrade	Gesindel (das früher gerne a Neumarkt rumlun gerte)
Bützje	kleines küsschen auf die Wa
Strüßje	kleiner Blumenstrauß
Fastelovend	Karneval, Karnevalszeit
Alaaf	Hurra, ein Hoch auf ... (sag' in köln bloß niemals „Helau
Leck mich en de Täsch!	Leck mich in der Tasche! (Vergleichbar mit: Ich glaub's ja nicht
Jedem Dierche sing Pläsierche!	Jedem Tierchen/Mensch sein Vergnügen!
Et hätt noch immer joot jejange!	Es ist noch immer gu gegangen! (Der Blick in die Vergangenheit
Et es, wie et es!	Es ist, wie es ist! (Der Blick in die Gegenwart)
Et kütt wie et kütt!	Es kommt, wie es kommt! (Der Blick in die Zukunft)
Wat fott es, es fott!	Was weg ist, ist weg! (Der pragmatische Blick)

...ix bliev wie et wor!	Nichts bleibt, wie es war!
	(Der leicht pessimistische Blick)
...ede Jeck is anders!	Jeder Narr/Mensch ist anders!
	(Der tolerante Blick)
...enne mer nit, bruche mer nit, ...ott domet!	kennen wir nicht, brauchen wir nicht, weg damit!
	(Der ablehnende Blick)
...ach et jot, äwer nit ze off!	Mach's gut, aber nicht so oft!
	(Der „Ich-möchte-witzig-sein"-Blick)

...ulinarisches

...alve Hahn	Brötchen mit Käse
...alve Hahn met Musik	Brötchen mit Käse und Zwiebeln
...lönz	Blutwurst
...annekooche	Pfannkuchen
...roppschlot	Kopfsalat
...ämmche mit Kappes	Eisbein mit Kraut
...ievkooche	Reibekuchen
...tampes	Kartoffelpüree
...däppelschlot	Kartoffelsalat
...ieskooche	Käsekuchen